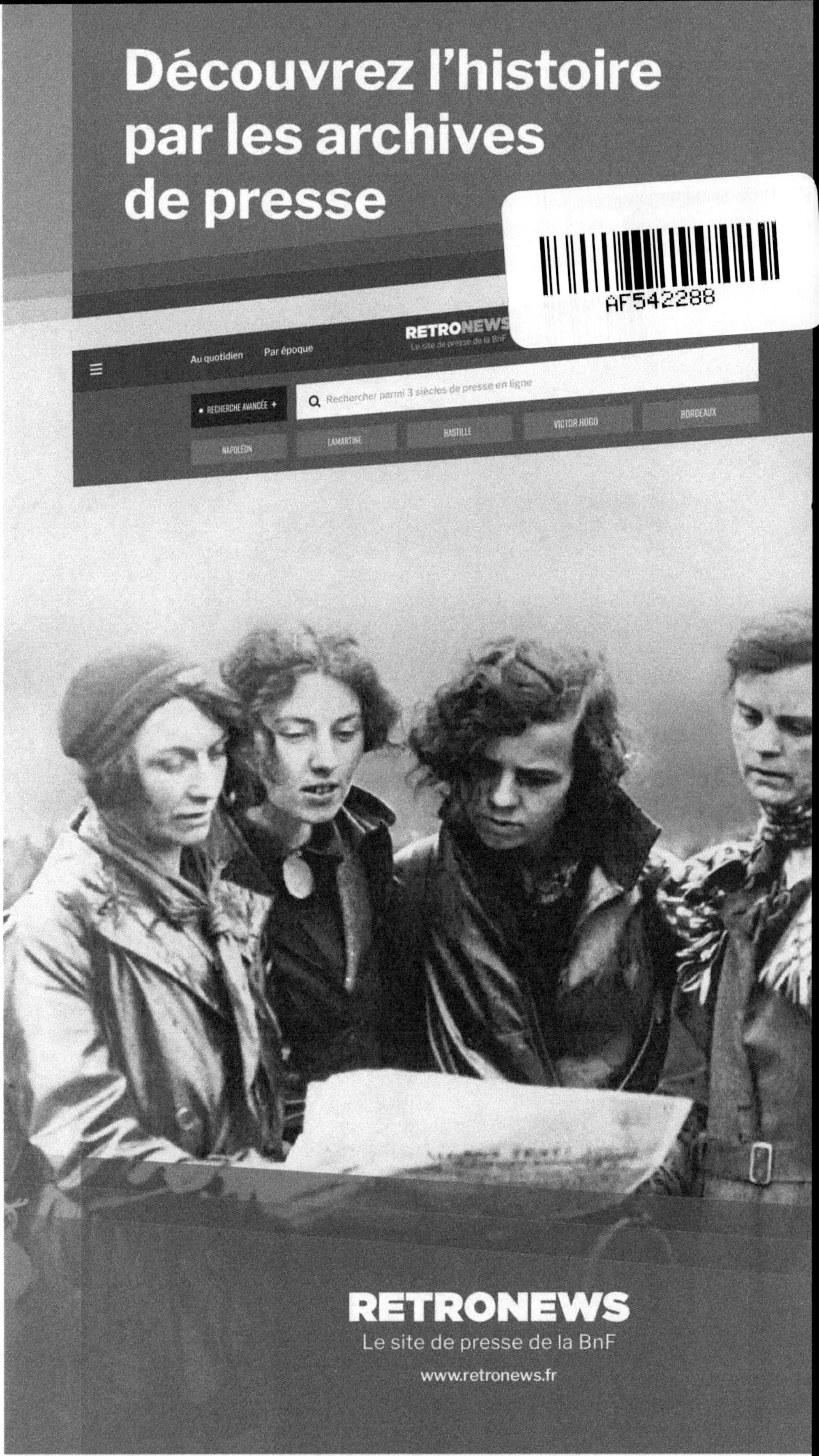

8e année. — Tome XXII. — N° 166. 15 Mai 190

L'ACTION FRANÇAISE

REVUE BI-MENSUELLE

SOMMAIRE

PARIS

42, RUE DU BAC, VIIe

PARIS ET DÉPARTEMENTS, 12 fr.; ÉTRANGER, 18
LE NUMÉRO 0 FR. 60

L'ACTION FRANÇAISE

Henri VAUGEOIS, directeur.

L'*Action française* s'adresse au patriotisme, quand il est conscient, réfléchi, rationnel.

Fondée en 1899, en pleine crise politique, militaire et religieuse, l'*Action française* s'inspirait du sentiment nationaliste : son œuvre propre fut de soumettre ce sentiment à une discipline sérieuse.

« Un vrai nationaliste, posa-t-elle en principe, place la Patrie avant tout ; il conçoit donc, il traite donc, il résout donc, toutes les questions pendantes **dans leur rapport avec l'intérêt national.**

« Avec l'intérêt national, et non avec ses caprices de sentiment.

« Avec l'intérêt national, et non avec ses goûts ou ses dégoûts, ses penchants ou ses répugnances.

« Avec l'intérêt national et non avec sa paresse d'esprit, ou ses calculs privés, ou ses intérêts personnels. »

En se pliant à cette règle, l'*Action française* fut contrainte de reconnaître la rigoureuse nécessité de la Monarchie dans la France contemporaine.

Étant donné la volonté de conserver la France et de mettre par-dessus tout cette volonté de salut, il faut conclure à la Monarchie ; l'examen détaillé de la situation démontre en effet qu'une Renaissance Française ne saurait avoir lieu qu'à cette condition.

Si la restauration de la Monarchie paraît difficile, cela ne prouve qu'une chose : la difficulté d'une Renaissance Française.

Si l'on veut celle-ci, il faut aussi vouloir celle-là.

L'*Action française* voulait ceci et cela, elle devint donc royaliste. Chacun de ses numéros depuis lors, tendit **à faire des royalistes.**

Les anciens royalistes eurent plaisir à se voir confirmer, par des raisons souvent nouvelles, dans leurs traditions et leur foi.

Mais l'*Action française* visa plus particulièrement ces patriotes qui sont tout enlisés encore dans le vieux préjugé démocratique, révolutionnaire et républicain : elle dissipe ce préjugé anarchiste, et, du patriotisme rendu plus conscient, elle exprime et fait apparaître le royalisme qui s'y trouvait implicitement contenu. Beaucoup de républicains ont été ramenés ainsi à la royauté. Bien d'autres y viendront si l'*Action française* est mise en état de les atteindre et de les enseigner.

Au nom des résultats acquis, en vue des résultats possibles, l'*Action française* demande à tous les royalistes, anciens ou nouveaux, un concours ardent, dévoué, incessant.

INSTITUT D'ACTION FRANÇAISE

Conseil directeur : MM. Charles MAURRAS, Henri VAUGEOIS, Léon DE MONTESQUIOU

Secrétaire général : M. Louis DIMIER, agrégé de l'Université, docteur ès lettres

Chaire du SYLLABUS

Politique catholique.

Professeur : l'Abbé G. DE PASCAL.

Lundi et Jeudi à 5 heures.

21 mai. — 5° La Politique catholique et le Pouvoir. Les origines, les modes de transmission.

25 mai. — 6° La Politique catholique et le Pouvoir. Les fonctions.

28 mai. — 7° La Politique catholique et la Patrie.

Jeudi 31 mai. — 8° La Politique catholique et l'humanité. Le droit des gens.

Chaire Auguste COMTE

Philosophie positive

de 9 h. 1/4 à 10 h. 1/4 soir

Professeur :
le comte Léon de MONTESQUIOU

Vendredi 25 mai : La séparation des pouvoirs; le gouvernement spirituel.

Jeudi 9 juin : La séparation des pouvoirs: le gouvernement temporel.

Jeudi 21 juin : Les rapports de l'intelligence et de la sensibilité; la synthèse subjective.

Chaire RIVAROL

La contre-révolution au XIXe siècle

de 5 à 6 heures, tous les vendredis

Professeur : M. Louis DIMIER

13° La contre-révolution dans la critique d'art. — Les Goncourt.

4° La contre-révolution catholique. — Veuillot.

Chaire Maurice BARRÈS

Tradition française & raison humaine

le mercredi de 5 à 6 heures

Chargé de cours : M. Lucien MOREAU

Le 30 mai. — Nécessité d'une solution politique.

Chaire SAINTE-BEUVE

L'empirisme organisateur

de 1 h. 1/2 à 2 h. 1/2 tous les quinze jours à partir du lundi 26 février

Maître de conférences :
M. Charles MAURRAS

CONFÉRENCES FERMÉES

TRAVAUX PRATIQUES

Des cartes spéciales délivrées sur demande personnelle donneront accès à ces conférences.

L'ACTION FRANÇAISE

INAUGURATION DE LA CHAIRE DU « SYLLABUS »

Discours de M. Paul Bourget.

Le mardi 8 mai, l'*Institut d'Action Française* inaugurait les cours de la « Chaire du Syllabus ».

M. Paul Bourget, de l'Académie française,qui présidait,a prononcé le discours suivant :

Mesdames, Messieurs,

Les personnes parmi vous, qui assistaient, voici trois semaines, à la conférence donnée par M. de Montesquiou dans cette même hospitalière maison — c'était le Jeudi-Saint exactement — ces personnes, dis-je, se souviennent sans doute que nous voisinions ce soir-là, pour n'en pas perdre l'habitude, avec une petite émeute. Des grévistes, — nous avons su depuis que c'étaient des agents des postes et des télégraphes, — tenaient une assemblée tout à côté. Ils ne soupçonnaient pas notre existence. Nous nous réunissons aux séances de cet Institut, pour essayer de penser juste ensemble. C'est une occupation tranquille et qui ne comporte ni les grands cris, ni les grands gestes. Nos voisins, eux, ne nous permettaient pas de les ignorer. Ils traitaient la question sociale, suivant l'invariable coutume révolutionnaire, à coups de gueule, en attendant d'y travailler à coups de poing. Leur tumulte perçait par instants les murs. Je crois bien avoir distingué qu'ils chantaient de temps à autre l'air de l'*Internationale.* Vous en connaissez les savoureuses paroles. Il y a dans cet hymne de dégénérés un vers merveilleux d'ironie inconsciente :

« La Raison tonne en son cratère ! »

Pour ma part, je me rappelais cette détonnante et étonnante image en écoutant cette rumeur se mêler à la voix claire de notre ami occupé en ce moment à nous citer de fortes et judicieuses paroles d'Auguste Comte. N'y avait-il pas dans le constraste entre ces deux façons d'interpréter et de pratiquer « la Raison » un symbole saisissant de l'attitude mentale des maîtres et des élèves de cet Institut vis-à-vis de l'universelle anarchie? On s'efforce ici d'étudier, avec des procédés et des patiences de cliniciens, le problème de la maladie et de la santé du corps politique. Ce problème, le plus complexe qui soit au monde, nos contemporains ont pris l'habitude de le résoudre tantôt en convulsionnaires, tantôt en illuminés. Les violences et les utopies font certes un plus étourdissant tapage, elles paraissent produire une action plus efficace que les discussions les plus serrées et que les analyses les plus exactes. Mais transportez-vous à quelques années de distance et dites à qui appartiennent les influences profondes. Un exemple tout récent donne la réponse. Il s'est rencontré en France, au lendemain de la guerre de 1870 et depuis, bien des tribuns retentissants, bien des fanatiques millénaires. Avec la complicité des plus avisés politiciens,—car l'impulsif trouve aussitôt un charlatan qui l'exploite —tous ont travaillé à installer chez nous le triomphe définitif de la Révolution. Leurs efforts réunis ont été contre-balancés par un seul homme, qui n'a paru dans aucun Parlement, qui n'a exercé aucune fonction publique, qui n'a harangué aucune foule, organisé aucun comité. Cet homme d'allures bourgeoises, de chétive santé, passait ses journées aux Archives à ramasser des documents vrais sur les origines de la France actuelle. Vous avez reconnu M. Taine, le plus puissant des adversaires que l'erreur démocratique ait rencontrés depuis vingt-cinq ans. A l'*Institut d'Action Française* on n'a pas d'autre ambition que de continuer l'œuvre de ce maître dans ce qu'elle eut de positif, comme aussi celle de Renan dans la *Réforme intellectuelle et morale*, de Fustel dans ses *Institutions*, de Balzac dans son *Médecin de campagne* et son *Curé de village*, d'Auguste Comte dans son *Système de Politique*, de Bonald dans sa *Législation primitive*, de Le Play dans sa *Réforme sociale*, de tous ceux enfin qui se sont proposé de chercher les lois de la nature politique, — scientifiquement.

Ayant accepté le grand honneur d'assister M. l'abbé de Pascal dans cette séance où il inaugure son cours à cet Institut, j'ai cru devoir mentionner de nouveau les maîtres dont relève l'*Action française* et rappeler le principe tout réaliste qu'ils représentent. Il m'a paru que c'était le meilleur moyen d'éviter les équivoques et de bien définir la portée d'une tentative qui peut se résumer ainsi : — une chaire du *Syllabus* fondée au nom de la Science. C'est là une étape presque solennelle dans le mouvement de Contre-Révolution visible partout à travers le monde intellectuel. Les positivistes de l'*Action française* consomment aujourd'hui et de la façon la plus simple, en la pratiquant, l'alliance avec l'Eglise catholique, qui fut le rêve d'Auguste Comte. Elle n'est qu'une forme de cet accord entre la Tradition et la Science auquel nous aboutissons nécessairement dans le domaine social et politique dès que nous appliquons la grande règle de la Soumission aux faits, l'Alpha et l'Oméga de la méthode d'observation. Plusieurs des maîtres illustres dont je citais les noms tout l'heure, moins perspi caces que Comte, n'ont pas aperçu cet accord, au moment même où ils y travaillaient par tout leur enseignement. C'est une preuve, après tant d'autres,de l'excellence des disciplines expérimentales. Elles font exécuter aux esprits qu'elles conduisent une besogne supérieure, contraire, quelquefois, à leur intention. Que nous ont appris ces Maîtres ? A étudier les choses de la vie morale, comme le physiologiste étudie les phénomènes de la vie animale, comme le botaniste étudie ceux de la vie végétale, en subordonnant toutes les hypothèses à l'expérience, toutes les théories à la réalité. Les sociologues de l'*Action française* ont considéré de ce point de vue notre vie nationale. Ils l'ont analysée dans son passé et ils ont rencontré l'Eglise comme un des éléments essentiels de la formation française. Otez l'Eglise de notre histoire, cette histoire n'est plus intelligible. Ils ont analysé notre présent et, là encore, ils ont rencontré l'Eglise. Elle est, à l'heure actuelle, la force la plus solidement organisée qu'il y ait dans le corps national et la plus puissante ouvrière des mœurs. Continuant leur enquête nos positivistes ont reconnu que cette organisation offrait un exemplaire accompli de hiérarchie et de développement. Ils ont reconnu que les mœurs propagées par l'Eglise étaient exactement conformes aux conditions que l'expérience des siècles, consultée sans théorie préconçue, nous enseigne comme les plus capables de produire la santé individuelle et collective. L'expérience nous apprend que toutes les sociétés vigoureuses ont pour unité non pas l'individu mais la famille. — Or, qu'a voulu l'Eglise sinon fortifier la famille en proclamant dans le Décalogue l'autorité du père et dans ses sacrements l'indissolubilité du lien conjugal ? L'expérience nous apprend que toute société heureuse est une harmonie dans l'inégalité. Cette harmonie, l'Eglise la maintient en distinguant les classes par le respect de la propriété, en les rapprochant par la charité. L'expérience nous apprend que toute société saine est une société où l'action des vivants prolonge l'action des morts, et l'Eglise n'est pas seulement par elle-même un organe de continuité, elle assure la fixité des pouvoirs en interdisant, — c'est l'article 53 du *Syllabus*, — la révolte contre les chefs légitimes. Nos sociologues ont vu tout cela. Ils ont vu aussi qu'une intime collaboration de tant de siècles a comme fondu, comme amalgamé l'influence de l'Eglise et celle de notre pays dans le monde, En Orient, en Extrême-Asie, en Afrique, quand une cloche catholique tinte, neuf fois sur dix elle sonne France. Nos amis en ont conclu, eux, les réalistes, eux les fervents de l'*Action française*, que diminuer l'énergie catholique, c'est diminuer l'énergie nationale et chez nous et à l'extérieur, qu'entre l'ordre catholique et l'ordre français, il y a union, il y a identité. C'est toute l'histoire de la fondation de cette chaire et si ces messieurs l'ont mise sous l'invocation du Syllabus, c'est pour bien marquer qu'ils entendent défendre, non pas une Eglise abstraite et interprétée, mais l'Eglise agissante et vivante, telle qu'elle se pose, et telle qu'elle est.

Comment et pourquoi les catholiques ne sauraient s'étonner de cette adhésion, eux qui savent, suivant un mot fameux de Joseph de Maistre, que « les vérités théologiques ne sont que des vérités générales manifestes et divinisées dans l'ordre religieux », M. l'abbé de Pascal vous le dira, Mesdames et Messieurs, avec une compétence que je n'ai pas. Je ne veux pas reculer plus longtemps pour vous la joie d'entendre cette grande et généreuse voix de prêtre et de savant. Je ne sais pas de plus ferme intelligence que celle de l'auteur des *Lettres sur l'Histoire de France.* Je ne sais pas non plus d'éloquence plus prenante. Quand M. Waldeck-Rousseau dénonçait comme les plus redoutables ennemis de l'anarchie contemporaine le moine ligueur et le moine d'affaires, il oubliait le moine grand orateur et grand penseur, le moine scientifique dont M. de Pascal nous offre, pour tout ce qui touche aux études sociales, un si remarquable exemplaire. La Foi la plus orthodoxe s'unit en lui à la science la plus avertie. Il est aussi un très large, un très noble cœur. Il l'a prouvé une fois de plus en acceptant de collaborer à une entreprise où son lumineux esprit d'apôtre et de sociologue a su discerner des éléments féconds d'apologétique expérimentale. Je crois être l'interprète de tous les bons Français réunis ici en lui souhaitant la bienvenue et en le remerciant d'apporter l'autorité de sa Robe et de sa Science aux Traditionnalistes par positivisme, qui ont pris comme devise, faisant ainsi une synthèse de tout le passé et de tout le présent : — Le Trône, l'Autel... et le Laboratoire !

Après avoir prononcé ce discours, M. Paul Bourget a donné la parole à M. l'abbé de Pascal qui a commencé immédiatement son enseignement.

Le sujet de cette première leçon était : *Y a-t-il une politique catholique?* C'est par l'affirmative que répond le professeur. Après avoir expliqué les raisons qui l'ont déterminé à accepter cette chaire à l'*Institut d'Action française*, M. l'abbé de Pascal montre que les contemporains sont trop portés à oublier qu'il y a en effet une politique catholique. Si le catholicisme a d'autres fins que les fins de la politique, il n'en est pas moins vrai qu'il ne peut se désintéresser de la politique qui, prise dans le sens vrai du mot — et non pas dans celui qui est corrompu par l'usage — n'est autre chose que la science du gouvernement des hommes. Comment une religion telle que le catholicisme se désintéresserait-elle d'un si important objet? Cela ne peut être. Cela n'est pas en effet. La doctrine catholique enseigne que la politique ne doit pas consister dans l'exploitation d'un peuple par une caste ou par un parti, mais qu'elle doit consister à diriger ce peuple dans le sens de son bonheur et de sa prospérité. Pour arriver à une telle fin, la politique doit partir de l'observation et de l'expérience; elle doit tenir compte des faits. Cependant, elle ne doit pas se subordonner absolument et aveuglément aux faits. Elle ne peut se passer de principes directeurs. Elle ne peut bannir l'usage du raisonnement.

Le professeur, rappelant une parole de Bonald, compare ceux qui conçoivent la politique privée du secours des principes et de la raison à des navigateurs qui s'embarqueraient sans compas ni boussoles, armés de relations de voyage seulement. Il faut tenir compte sans doute de toutes les variations des circonstances, comme de toutes les nécessités des coutumes et des mœurs. Mais à s'en tenir là, ne s'exposerait-on pas à respecter l'anthropophagie? La politique catholique ne peut omettre les principes de la morale religieuse.

Après cet exposé de principes, M. l'abbé de Pascal indique quelles sont les sources de son enseignement, puis la matière de son cours qui a lieu dans cet ordre, (depuis le 10 mai, le lundi et le jeudi, à 5 heures) : *La politique catholique et la société civile ; — la politique catholique et le pouvoir ; — la politique catholique et la patrie ; — la politique catholique et l'humanité.*

Un nombreux auditoire se pressait devant la chaire du Syllabus. Auprès de l'éminent professeur avaient pris place Madame la Marquise de Mac-Mahon, M. Paul Bourget de l'Académie française, les membres du Conseil directeur de l'Institut : MM. Charles Maurras, Henri Vaugeois, Léon de Montesquiou, et le secrétaire général M. Louis Dimier.

A l'ouverture de la séance M. Paul Bourget avait donné lecture du télégramme suivant adressé par le comte Eugène de Lur-Saluces, président d'honneur de la Ligue, à M. Louis Dimier :

« A mon très grand regret je suis retenu à Sauternes par affaire urgente. Je vous prie d'être mon interprète auprès de nos amis et de l'éminent conférencier. Je suis de tout cœur avec mes amis à l'occasion de cette belle manifestation de nos tendances et de nos idées. »

Nos lecteurs savent que la grève des travailleurs de l'imprimerie se prolonge. Ils voudront donc bien excuser les retards qu'ils éprouveraient dans la réception de notre Revue et les imperfections qu'ils y remarqueraient.

NOTES POLITIQUES

15 mai 1906.

APRÈS LES ÉLECTIONS!...

Comprendra-t-on? — L'autre soir, au dîner de l'*Action française*, le lendemain même de la journée électorale du 6 mai, notre éminent ami, M. l'abbé de Pascal, cherchant, avec sa verve lumineuse, la philosophie de cette journée, la ramassait toute en trois mots de bon latin, qu'il dédiait à qui de droit : « *Vexatio aperit intellectum* », « Les coups ouvrent l'esprit! » Il augurait donc que la démonstration, si amplement déroulée par M. Clemenceau, sous forme de « volée de bois vert », sur l'échine des pauvres moutons de l'*Action libérale*, ne serait pas perdue pour eux tous.

On voudrait l'espérer, certes. Et, en somme, il n'est pas impossible de concevoir un mouvement, assez prompt, assez vif, par lequel se retourneraient, nombreux, vers la vérité politique longtemps oubliée, ou sottement écartée comme trop « théorique », les esprits de tous ces Français conservateurs, catholiques, patriotes, qui viennent d'éprouver si durement l'ineptie des fameux « praticiens » auxquels ils s'étaient confiés. De ces praticiens, — ou, disons le mot propre, de ces charlatans, — il est à présumer que la plupart vont montrer, au moins pendant quelque temps, des figures modestes, gênées. L'un d'entre eux, il est vrai, — et même, c'est le plus notoire, a réussi. On le verra donc très à son aise;

il parlera, pérorera. Il a réussi. On peut même prédire qu'il est celui qui réussira toujours, car son rêve est modeste, réalisable. M. Jacques Piou brûla, toute sa vie, de devenir, puis de redevenir député. Il l'est redevenu. Dans le désastre, dans le fléau qui passe sur notre pays, cet illustre docteur, dont le coup d'œil est si sûr, et dont le faux-col, en tout cas, a tant de dignité, d'autorité, n'aura pas eu trop à se plaindre. Son cabinet de consultation a prospéré. Préparons-nous à le voir très entouré par tous les infirmes des couloirs du Palais-Bourbon.

Quant à ses confrères, à ses disciples malheureux, le meilleur parti qu'ils puissent prendre, ce va être de se taire. Et il est probable qu'ils le prendront.

Nous allons donc entrer, tout au moins pour quelques mois, dans une période de silence, de calme, où une sorte de recueillement étant possible, désiré même, par beaucoup, quelques bons citoyens pourront être amenés à reconnaître la profondeur et la nature exacte de l'illusion dont ils ont été victimes. On va pouvoir parler sérieusement de politique proprement dite. On va pouvoir expliquer, à ces catholiques, à ces patriotes, à ces conservateurs, pourquoi et comment il se fait qu'il ne leur ait pas suffi, le 6 mai, de se dire, de se croire, de se vouloir républicains, pour être admis, pour être tolérés dans la République, et à plus forte raison pour y dominer. On va pouvoir leur montrer, ou leur rappeler comment la République n'est pas du tout un mot, creux, vague, inoffensif, et qu'on puisse emprunter, adopter du jour au lendemain, pour en orner ou en déguiser un programme, un discours de réunion publique, et comment, au contraire, elle est une chose, une force, une réalité concrète, parfaitement déterminée, résistante, indéformable ; un « bloc », enfin, c'est-à-dire un parti homogène, lié et constitué par une passion et une volonté commune à tous ses membres, profondément enracinée en eux, et qui ne se peut point feindre, quand on ne l'a point. Nous comptons donc sur tous nos amis, lecteurs, ligueurs, réunis ou non en groupes déjà constitués, pour entreprendre immédiatement ce grand et indispensable travail préliminaire de toute propagande d'*Action française* : tuer, brûler, mettre en cendre, par tous les moyens, par toutes les forces de la discussion critique, de l'ironie ou de la colère, les mauvaises broussailles toujours stériles, et aujourd'hui pourries sur pied, du demi-républicanisme, et de tous ces hypocrites *essais loyaux* dont se sont laissé encombrer, depuis 1875, tant de hautes cervelles françaises, jadis plus probes, plus nettes et mieux tenues.

Toutefois, rappelons-nous que le temps presse. Pour que ce nécessaire, mais énorme travail entrepris par l'*Action française*, du déblaiement, de l'éclaircissement, du redressement de l'esprit politique chez un si grand nombre de nos concitoyens, ne risque point de leur apparaître et de nous apparaître à nous-mêmes, bientôt, comme chimérique, c'est-à-dire comme impossible à achever dans l'espace d'une vie humaine, et pour qu'on ne nous objecte point que nos vérités arriveront trop tard à la connaissance du « peuple », pour le guérir d'une erreur dont il est déjà plus qu'à demi empoisonné, il importe de nous expliquer encore une fois sur la méthode pratique et sur les procédés immédiats que l'*Action francaise* entend appliquer à son œuvre d'éducation polititique « intellectuelle ».

« Intellectuel » est un bien beau mot, tout à fait flatteur, dit-on, à prononcer et à entendre : et Dieu sait si on nous le ménage, si on nous l'envie. — Eh bien, ce n'est pas cela du tout! Ce que l'*Action française* a demandé de tout temps, et va, de plus en plus, demander à ses amis, à ses propagandistes, aux organisateurs de ses groupes, de sa *Ligue*, ce n'est pas de devenir de profonds théoriciens en politique, en sociologie, ou de grands érudits en histoire, ou d'étonnants philosophes; il ne s'agit nullement de découvrir des vérités nouvelles, et cachées au vulgaire, et de faire de la haute science, non plus que de la haute métaphysique. Il s'agit de découvrir, chacun, autour de nous, et de grouper des forces, non « intellectuelles », mais intelligentes, c'est-à-dire des hommes, tout simplement, qui puissent et qui veuillent comprendre ce qui se passe sous leurs yeux, tout près d'eux, et jusqu'en eux-mêmes : la présente crise, décisive, de la vie nationale française. Or, pour cette recherche, pour ce discernement des intelligences et des volontés entières, libres, énergiques, dont nous avons absolument besoin, mais QUI EXISTENT, TRÈS NOMBREUSES, ET TOUTES PRÊTES, dans toutes les régions du pays, dans toutes les classes de la société, il n'est pas besoin de faire appel à une psychologie bien longue, bien compliquée. Il faut seulement que nos amis, que ces « recruteurs », que demandait Maurras l'autre jour, mènent, dans chaque « cas » nouveau, la conversation, un peu vivement, jusqu'aux deux ou trois points essentiels, sensibles, « névralgiques », par où se décèle toujours la qualité d'âme, et de corps, du « conscrit ». Le « nationalisme intégral » n'est point une « théorie » (prenons le mot au sens que lui donnent les « bleus » à la caserne) qui exige, pour être comprise, des répétitions infiniment longues : c'est plutôt une vue, ou, si l'on veut, un point de vue, auquel chaque Français est invité, incliné, porté, par sa naissance même, par ses souvenirs, par ses traditions familiales et religieuses, à se placer, dès qu'il s'agit de politique. Mais comme ce point de vue, — celui de l'intérêt national, — est assez haut, et comme, dès que l'on avoue s'y être élevé une fois, on s'oblige en quelque sorte, par le fait même, à ne plus en redescendre, et à ne plus feindre de confondre l'intérêt national, tout général, ainsi aperçu, avec quelques autres intérêts ou sentiments tout particuliers auxquels on tient beaucoup, — il arrive parfois que l'on se dérobe dès le début de la conversation. Cet infâme entêtement, ce parti pris ignoble de ne point comprendre, ou de ne point conclure, sera bien vite percé à jour, chez tous ceux où il existera, par nos amis. Qu'ils coupent court, alors, résolument; qu'ils *classent* leur homme, et quelle que soit l'importance apparente de la « situation » qu'il occupe, du rôle qu'il joue, des fonctions qu'il exerce dans le « bon parti », dans le « parti des honnêtes gens », qu'ils l'écartent avec politesse. Ils gagneront ainsi un temps précieux.

Mais encore, — dira-t-on, — est-il quelques signes précis, quelques symptômes frappants auxquels on puisse reconnaître cette tare de la mauvaise foi politique, dont nos amis vont avoir à faire prompte justice? — Oui! S'ils veulent empêcher que ne recommence, dans quatre ans, la gigantesque escroquerie morale et matérielle organisée par M. Piou, au détriment de braves conservateurs dont il endormait et engourdissait l'intelligence, par un flux de niaiseries menteuses, pendant que sa clientèle explorait leurs poches ; s'ils veulent mettre hors d'état de nuire au pays tout un monde de politiciens conservateurs, libéraux, modérés, qu'il nous est impossible de préférer à l'autre joli monde des politiciens républicains ; s'ils veulent que cesse l'entreprise d'abêtissement, d'abrutissement des Français, et de trahison des Catholiques, menée par de vagues Féron-Vrau unis aux académiciens de la *Revue des Deux Mondes* pour nous faire avaler en douceur la mortelle loi de Séparation de l'Eglise et de l'Etat ; s'ils veulent enfin préserver l'Armée, le dernier organe resté vivant de notre société, de la dissolvante peste dreyfusienne qui l'attaque déjà, alors nos amis n'ont qu'à acculer toujours, impitoyablement, leurs interlocuteurs de leur réponse, plus ou moins informe et inconsistante, à une seule question capitale qui est celle-ci :

Qu'il s'agisse d'un républicain, d'un royaliste, d'un bonapartiste, avant de l'inscrire à l'*Action française*, il faut savoir, mais il suffit de savoir, non pas pour quelle *idée* — (les « idées », même les plus sottes, sont excusables et insignifiantes en somme, tant que l'individu n'en est pas possédé jusqu'au sang) — il s'agit de savoir donc, non pas pour quelle idée, mais pour quel *intérêt* il peut, sait et veut marcher : l'intérêt de son parti ? ou l'intérêt de la France ?

S'il apparaît, en fait, préoccupé et obsédé, habituellement de l'intérêt, de la conservation, et même de « l'organisation » de son parti, — fût-ce d'un parti royaliste, — il n'y a rien à faire pour nous, avec lui. S'il apparaît, au contraire, en fait, préoccupé de l'intérêt, de la conservation, de l'organisation de la France actuelle, telle qu'elle est, tout entière, alors on peut causer ; — quand même il ne concevrait que faiblement, maladroitement, naïvement cet intérêt, ces moyens de conservation et d'organisation ; quand même il ne serait qu'un ouvrier ancien boulangiste, un gamin nationaliste, lecteur de l'*Intransigeant*, — ce pauvre et inoubliable Fanfournot chez qui Barrès, un jour, nous a conduits, au fond de Grenelle, et qui, le 6 mai de cette année, vivait encore, puisqu'il vota pour notre ami Briout, au cri de « A bas les Juifs ! Vive Philippe ! » — quand même enfin, il ne serait qu'un patriote, tout uniment, notre conscrit de la *Ligue d'Action française*, — c'est à lui qu'il faut que l'on parle, et c'est à ses pareils que s'adresse notre éducation : « intellectuelle », tant que vous voudrez ! Elle va consister, cette éducation, après la journée grotesque du 6 mai, à lui apprendre, à ce citoyen, qu'il est quelque chose de plus, tout de même, qu'un électeur, et qu'il y a d'autres moyens, pour lui, de se faire sa petite place au soleil, que le bulletin de vote.

HENRI VAUGEOIS.

L'abondance des matières nous oblige à différer la Chronique de la Ligue, *ainsi que la suite de* la Saint-Barthélemy et les guerres de religion, *par M. Flavien Brenier.*

SUR LE TEXTE DU « SYLLABUS »

> — *Qui vous meut? Qui vous poinct?*
>
> RABELAIS.

Le 8 mai 1906, M. l'abbé de Pascal a brillamment ouvert ses leçons de politique catholique à l'Institut d'*Action française*. Il les a dignement continuées le 10 et le 14 mai. Nos amis auront le plaisir de l'entendre et de l'applaudir durant tout le mois. Un de nos maîtres a présidé l'inauguration de cette mémorable série. Son discours donne l'idée juste du principe très général en vertu duquel cet enseignement théologique et positif a été fondé.

L'*Action française* est composée, comme on le sait, de croyants et de non-croyants. Par croyants, l'on ne saurait entendre que des fidèles catholiliques. Les non-croyants, qui sont tous de race purement catholique, peuvent être répartis entre la multitude des opinions et des écoles philosophiques. Mais ces derniers sont rassemblés entre eux et unis aux premiers, tout d'abord par l'objet même de leur étude, qui est la reconstitution de la monarchie en France, en second lieu par la méthode suivant laquelle l'étude en est menée. Quelque diversité de sentiment et de volonté que les non-croyants de l'*Action française* aient apportée au commun travail, le point de vue du bien public, d'une part, et, d'autre part, le soin de se défendre de tout autre idée préconçue les a menés ou ramenés peu à peu à cette évidence que, *sur terre*, qu'il s'agisse du spirituel ou du temporel, de l'ordre moral ou de l'ordre matériel, les vues, les intérêts, les suggestions et décisions du catholicisme concordent avec les intérêts essentiels de la patrie française et du monde civilisé. Je parle de ces intérêts entendus aussi exactement que possible. Je parle du catholicisme entendu et interprété dans sa stricte rigueur.

Il ne s'agit point de ce traditionnisme grossier qui formule : « *Nous avons été catholiques nous* « *le serons, dès lors, toujours* », comme si l'évolution religieuse, le changement de religion, étaient des phénomènes tout à fait inédits et sans exemples dans l'histoire! Il s'agit de tout autre chose : de quelque chose qui démontre que, en politique ou en sociologie, toute séparation d'avec le catholicisme, bien loin d'exprimer un progrès, dénote un recul. On ne traite donc plus d'une simple question de fait. C'est de savoir quel est, quel a été, et quel peut être le meilleur fait, le fait le plus heureux et le plus favorable, dont nous nous occupons ici.

On peut nommer cela le droit, ou le bien, ou l'utile. De quelques mots qu'on use, il faut constater la coïncidence des choses. Les plus hautes valeurs politiques et sociales assignées et fixées par la critique et la science positives sont identiques à celles que désigne l'enseignement de l'Eglise. Les vérités politiques et sociales que notre analyse a élevées au rang d'évidences pures se retrouvent ainsi, les unes indiquées, les autres explicites, dans la synthèse catholique. Je ne referai pas, après Bourget dont on vient de lire les belles pages, l'énumération homérique des Docteurs et des Pères du réalisme naturel, qui rejoignent les Docteurs et les Pères d'une doctrine théologique dont il nous est impossible de contester le *réalisme surnaturel*. C'est une simple expérience que je rapporte. J'écris, je transcris les Mémoires de quelques amis et les miens. Où la science naturelle des sociétés nous éloignait des divagations à la mode, il se trouvait que la doctrine catholique s'en éloignait aussi. Où nous nous rapprochions de la tradition la plus respectable et aussi la plus méconnue, la même doctrine imposait le même mouvement. Où, enfin, la critique, où la science nous déterminait à exiger certaines nouveautés et certains renouvellements, le catholicisme apportait des indications, des suggestions et des conseils que je me garderai d'appeler parallèles, puisque les parallèles ne se rencontrent pas, mais convergeant, mais conspirant vers le même point idéal. Le langage théologique nous apparaissait en beaucoup de cas une sorte de traduction, surélevée et sublimée, de notre langage empirique. Partout les deux langues se répondaient en perfection.

Le grand respect des faits qui nous animait nous défendait d'altérer en rien ce grand fait. Mais, plus encore que notre méthode, notre principe, qui était un extrême désir du Salut public, une énergique volonté du Bien public, concourait à nous rendre infiniment curieux, prodigieusement attentifs et vigilants devant un fait aussi précieux ! Ce principe nous inspirait un immense vœu, je voudrais oser dire un *appétit* profond de synthèse et d'accord. La bonne volonté ne nous aveuglait certes point. Nous éprouvions avec vivacité le devoir de nous montrer difficiles en fait de preuves. Mais, si l'esprit vérifiait avec une jalousie soupçonneuse chacune des coïncidences et concordances observées, l'heureuse issue de chaque opération ne nous inspirait aucune tristesse. Soyons sans pudeur. Avouons. La perspective de nous accorder, plus étroitement que nous ne l'avions espéré, avec un certain nombre de nos concitoyens eut même pour effet de nous inspirer une franche allégresse, et je connais des monstres qui le dirent tout haut. — *Quel bonheur*, s'écriaient ces Gaulois dénaturés, *qu'on puisse s'entendre un peu sur la politique, si l'on ne s'entend plus sur la théologie !*

Il est permis d'apprécier sévèrement de pareilles dispositions. Une race comme la nôtre, qui a reçu de ses aïeux les plus lointains un goût si prononcé de la guerre civile, est sans doute coupable de ne pas s'en tenir à ce rite de division. Même dérogation aux vieux us nationaux se constata vers la fin du XVIe siècle, quand le parti des Politiques se mit en tête de placer sur le trône Henri IV. De quoi se mêlaient ces gens-là ? Ne convenait-il pas que les bons Français continuassent à se dévorer ? Mais ces hommes cyniques préférèrent au point d'honneur héréditaire l'hérédité du bien public. Si nous avons des prédécesseurs, les voilà ! Comme, à l'envi, ils négligèrent leurs diverses qualités de ligueurs ou de huguenots pour ne se souvenir que de leur titre de Français, nous fîmes litière de nos antécédents historiques immédiats : uniquement soucieux du vrai et du bon, ceux d'entre nous qui avaient des traditions anticléricales les refoulèrent ; ceux qui s'étaient formé personnellement des préjugés anticatholiques les dépouillèrent. Leur étude, leur examen de la question religieuse en France commença, à la seule lumière des intérêts de leur pays. Ils reconnurent, à l'étude, ils sentirent, à l'examen, qu'une seule attitude leur convenait devant l'Eglise : le respect, l'amitié, la déférence. Quelques-uns allèrent à la piété et à l'amour. Ces sentiments grandirent ou s'affermirent quand des vexations tout d'abord ridicules, puis odieuses, retirèrent au catholicisme français, non seulement ses justes privilèges historiques, non seulement son régime d'égalité avec les autres cultes, mais le droit d'exister et de se développer pacifiquement. Il nous fut difficile de cacher notre indignation et notre souffrance. Des esprits assez courts, où le cœur est placé très bas, ont pu interpréter à leur manière, qui manque autant de clairvoyance que de noblesse, notre langage et notre action sur cet objet. J'écris ce qui a été et comme cela a été. Si ma simplicité mécontente quelqu'un, il y ajoutera tous les ornements de son goût. Croyant ainsi nous peindre, il fera, sans le flatter, son propre portrait.

Ceux qui n'étaient pas catholiques, ceux qui appartenaient à diverses nuances de ce que l'on appelle la libre pensée, d'accord en politique pour conclure à la monarchie, s'unissaient donc aussi sur un même article de politique religieuse, qui portait la nécessité de préférer, d'appuyer et de privilégier le catholicisme, au nom de la France, de la Civilisation et de la Raison. Quand l'Institut d'*Action française* fut projeté, nos amis catholiques, ceux qui formaient notre aile droite, firent donc accepter sans peine qu'une des chaires de la fondation nouvelle fût spécialement consacrée à la Politique catholique. Ce n'est un secret pour personne que, non contente d'applaudir à cette pensée, la gauche de l'*Action française* y a collaboré, au point même d'avoir fortement appuyé la désignation et, si l'on veut, le baptême de la chaire du *Syllabus*. Il eût été fort indiscret de témoigner d'une opinion en ces matières. Mais, l'opinion étant manifestée par des catholiques habiles et compétents, nous confessons l'avoir servie, favorisée et secondée de toutes nos forces.

Outre en effet que le *Syllabus* est, de tous les documents émanés de Rome le plus ultramontain et, par là, le moins suspect de concession aux turlutaines gallicanes, qui n'ont rien de commun avec le culte du passé de notre nation, — c'est aussi dans le *Syllabus* que se montre et se définit la politique catholique la plus rigoureuse, la plus précise et, qu'en même temps, apparaît, se rassemble et se pose, avec le plus de netteté, le génie réaliste ou l'esprit d'organisation du catholicisme. Quiconque, fût-il né iroquois ou bouddhiste, aimera ce que nous aimons, ne pourra se défendre d'aimer le catholicisme considéré dans le texte du *Syllabus*. Inversement tout catholique, fût-il un peu touché de l'esprit libéral, s'il est amené à méditer sur ce noble texte, doit se sentir, estimons-nous, en quelque sympathie d'intelligence, de méthode, de civisme et de patriotisme avec nous. L'affinité psychologique éclate même dans ces passages du *Syllabus* qui ne regardent et ne peuvent regarder que le for intérieur des consciences catholiques.

Nous avons beaucoup dit cela à nos amis. Nos amis, catholiques ou non, ont parfois accueilli cette exposition avec un sourire. Ils estimaient sans doute que nous avions raison au fond, mais trop raison, trop durement raison, pour qu'il fût permis de nous concéder ce point sans bataille. Cette bataille, nous la livrons aujourd'hui, ou plutôt nous les mettons à même de la livrer, personnellement, à leurs préventions et à leurs prudences.

Nous plaçons sous leurs yeux ce terrible répertoire du *Syllabus*, avec des notes destinées à provoquer la réflexion et l'analyse dans le sens de nos préoccupations sociales. Comme Joseph de Maistre montre, dans le premier chapitre de son traité *Du Pape*, que le privilège le plus choquant, le plus affreux, le plus sauvage du pontife romain, l'Infaillibilité, est aussi le partage de tout pouvoir constitué, qu'il soit de Stamboul ou de Londres, nous nous proposons de faire sentir que telle règle, comparable, en son apparence première, au brodequin des anciens juges tourmenteurs, n'est que l'application, la vérification, très simple, très nécessaire et très légitime, d'un principe plus général tombant sous le sens propre et reçu par le sens commun. Cela n'ôte rien à l'originalité particulière de chaque règle. Et cela ne *tend* pas le moins du monde à en naturaliser ni moins encore à en laïciser la source. D'où que provienne cette loi, jaillie du ciel ou germée du sein de la terre, il est un point, il est un trait par où elle s'ajuste à la nature humaine à laquelle elle est destinée : l'analyse de ce *trait*, l'observation de ce *point* et du champ des convenances circonvoisines fait, je crois, le souverain intérêt de l'étude du *Syllabus* pour le moraliste, le jurisconsulte et le politique.

Le *Syllabus* est une table des matières divisée en dix titres et comportant quatre-vingts articles. Chaque article se réfère à des documents antérieurs, dont il nous a semblé oiseux de transcrire le nom. Quant à nous reporter à ces documents, le travail, souvent fait, a donné lieu à des discussions dans lesquelles nous serions bien entrés si l'énoncé des articles nous eût paru prêter à l'équivoque. Mais non. La phrase est claire, et le sens net. On peut bien les développer et les expliquer : non les éclaircir. Nous avons renoncé, de moins bon cœur assurément, à reproduire la Lettre Encyclique *Quanta cura* (8 décembre 1864) qui introduit au *Syllabus*. La faible étendue de nos fascicules est la seule cause d'une si fâcheuse lacune.

A relire ici cette belle Lettre, on eût été touché de l'insistance avec laquelle le chef de l'Eglise parle du rapport de certaines « erreurs » avec les « tempêtes » qui les suivirent. L'influence des idées sur les choses s'y trouve affirmée avec une solennité faite pour ébranler les plus sceptiques de nos mystiques. Le pape insiste également sur la relation étroite « de l'ordre religieux et de l'ordre social » : « *catholicæ religionis civilisque societatis fundamenta* », dit le même membre de phrase. Mais nous ne saurions résister à l'attrait de deux paragraphes, d'un sens si beau, si fort, si juste, et si proche de nous qu'il faut les citer à tout prix !

Notre vieille ennemie la liberté-principe va passer un mauvais moment, ainsi que ce naturalisme, ou matérialisme historique, dont nous avons le droit de dire que personne ne l'a combattu plus que nous :

Il ne manque pas d'hommes qui appliquent à la société civile *l'impie et absurde principe* du « Naturalisme », comme ils l'appellent : ils osent enseigner que *la perfection du gouvernement et le progrès civil exige absolument* que la société humaine soit constituée et gouvernée sans plus tenir compte de la religion que si elle n'existait pas, ou du moins sans faire aucune différence entre la vraie religion et les fausses. De plus, contrairement à la doctrine de l'Ecriture, de l'Eglise et des Saints-Pères, ils ne craignent pas d'affirmer que « *le meilleur gouvernement* est celui où l'on ne reconnaît pas au pouvoir l'obligation de réprimer, par la sanction des peines, les violateurs de la religion catholique, si ce n'est lorsque la tranquillité publique le demande ».

Nous soulignons certaines articulations du discours, qui sont essentielles, pour qu'un lecteur inattentif ne lui fasse point dire ce qu'il ne dit pas en effet. Le texte ne dit pas qu'il faut, aujourd'hui, dans le monde contemporain, commettre le gouvernement de la cité à la loi religieuse et user, au besoin, pour cela de la contrainte matérielle. Le texte dit qu'il est absurde de croire que « *la perfection* » de société et le *plus grand bien* politique puissent consister dans l'indifférence de la société à la religion. Le texte porte qu'il est absurde de dire, *en général*, que le meilleur gouvernement soit le moins disposé à mettre ses forces physiques au service de la force religieuse. Le texte définit et rejette un type intellectuel faux : une fausse manière de penser. Il nous avertit qu'une concession, une tolérance, concession faite et tolérance admise pour éviter un plus grand mal, ne donne pourtant pas le modèle des constitutions politiques. Il affirme que ce modèle consisterait dans une société où l'Etat serait apte à servir l'Eglise absolument comme un organe non frappé de paralysie ni d'ataxie et apte à servir les décisions de l'esprit, de la volonté.

Quoi de plus simple et de plus vrai ? Et peut-on douter que, dans une société normale, l'unité de conscience soit un bien qu'il vaille la peine de sauver en y mettant le prix ? Tout dépend de ce prix sans doute. Et ce prix, les va-et-vient de l'histoire peut seuls l'établir. Mais nous ne faisons pas en ceci de l'histoire, ni de la politique contemporaine. Nous examinons les principes généraux qui doivent présider à toute idée de salut public. Ces principes du *Syllabus* ne sont pas plus cruels ni plus rigoureux que leurs contraires. Ils expliquent l'Inquisition? Mais est-ce que la *Déclaration des Droits de l'Homme* n'explique pas, tout aussi bien, la Terreur? Est-ce que le *Libre Examen* n'explique pas les interminables batailles, les bûchers, les prisons qui ont souillé trois siècles d'histoire européenne? Toute idée vive enferme, en puissance, du sang. Mais, entre l'idée du *Libéralisme* et celle du *Syllabus*, il y a exactement la même différence qu'entre une inutile boucherie et la chirurgie bienfaisante. Pour opter entre ces deux idées qui, étant humaines, risquent de faire de la peine en même temps que du plaisir, du rire comme des larmes, des cadavres aussi bien que des nouveau-nés, il conviendra de retrancher, de part et d'autre, leur commun coefficient de joie ou de misères et de rechercher, simplement, laquelle, en son expression la plus générale, à raison. Quelle est la vraie? Quelle est la bonne? Quelle est, non la douce, ni l'agréable, non l'amère, ni la choquante, mais l'utile? Quelle est celle qui apporte, en définition, le plus d'ordre, de paix, de progrès, de bonheur aux hommes? Ainsi posée, la question ne fait plus de doute. Irrésistiblement, on optera pour le *Syllabus*.

Continuons donc la lecture de cette page capitale de sa préface, sans perdre de vue ces distinctions et ces observations, qui nous suivront plus loin dans la lecture de la pièce elle-même.

En conséquence de cette idée absolument fausse du gouvernement social, ils n'hésitent pas à favoriser cette opinion erronée, on ne peut plus fatale à l'Église catholique et au salut des âmes, et que notre prédécesseur d'heureuse mémoire, Grégoire XVI, appelait un *délire*, savoir que « la liberté de conscience et des cultes est un *droit propre à chaque homme*, qu'il doit être proclamé et assuré DANS TOUT ÉTAT BIEN CONSTITUÉ et que les citoyens ont *droit* à la pleine liberté de manifester hautement et publiquement leurs opinions, quelles qu'elles soient, par la parole, par l'impression ou autrement, sans que l'autorité ecclésiastique ou civile *puisse* le limiter ». Or, en soutenant ces affirmations téméraires, ils ne pensent pas, ils ne considèrent pas qu'ils prêchent une *liberté de perdition*, et que, s'il est *toujours* permis aux opinions humaines d'entrer en conflit, il ne manquera jamais d'hommes qui oseront résister à la vérité et mettre leur confiance dans le verbiage de la sagesse humaine, vanité extrêmement nuisible que la foi et la sagesse chrétienne doivent soigneusement éviter, conformément à l'enseignement de Notre-Seigneur Jésus-Christ lui-même. »

Quand la religion est bannie de la société civile, la doctrine et l'autorité de la révélation divine sont rejetées, la vraie notion de la justice et du droit humain s'obscurcit, se perd, et la force matérielle prend la place de la justice et du vrai droit. On voit donc clairement pourquoi certains hommes, ne tenant aucun compte *des principes les plus certains de la saine raison*, osent publier « que la volonté du peuple manifestée par ce qu'ils appellent l'opinion publique ou de telle autre manière, constitue la loi suprême, indépendante de tout droit divin et humain ; et que, dans l'ordre politique, les faits accomplis, par cela même qu'ils sont accomplis, ont la valeur du droit ». Mais qui ne voit, qui ne sent très bien qu'une société soustraite aux lois de la religion et de la vraie justice ne peut avoir d'autre but que d'amasser, d'accumuler des richesses, et, dans tous ses actes, d'autre loi que l'indomptable désir de satisfaire ses passions et de se procurer des jouissances? Voilà pourquoi les hommes de ce caractère poursuivent d'une haine cruelle les ordres religieux, sans avoir égard aux immenses services rendus par eux, *à la religion, à la société et aux lettres;* pourquoi ils déblatèrent contre eux en disant qu'ils n'ont aucune raison légitime d'exister : ils font écho aux calomnies des hérétiques. En effet, comme l'enseignait avec tant de vérité Pie VI, notre prédécesseur d'heureuse mémoire, « l'abolition des ordres religieux blesse l'Etat qui fait profession publique de suivre les conseils évangéliques; elle blesse une manière de vivre recommandée par l'Eglise comme conforme à la doctrine des Apôtres; elle blesse, enfin, les illustres fondateurs d'ordres qui ne les ont établis que par l'inspiration de Dieu ». Ils vont plus loin, et dans leur impiété ils prononcent qu'il faut ôter aux citoyens et à l'Eglise la faculté « de donner publiquement l'aumône » et abolir la loi qui, à certains jours fériés, « défend les œuvres serviles pour vaquer au culte divin ». Tout cela sous le faux prétexte que cette faculté et cette loi sont en opposition avec les principes de la véritable économie publique.

Posez l'index sur la dernière des lignes citées et remontez, sans rien sauter, jusqu'à la première : vous trouverez dûment flétrie et condamnée chacune des erreurs ou des insanités que nous critiquons chaque jour pour des motifs qui n'ont absolument rien de religieux ni même de moral. Voici le libéralisme économique, qui interdit toute intervention de l'Etat, et voici, plus haut, l'Etatisme qui substitue une aumônerie administrative et publique à la charité des particuliers et des corps. Voici cette théorie de la dignité humaine, — libérale, individuelle, protestante, essentiellement conforme à « l'insurrection de l'individu contre l'espèce », — en vertu de laquelle on a interdit les Ordres religieux parmi nous. Voici le dogme du matérialisme historique, qui est peut-être le plus naïf, le plus faussement réaliste de tous les dogmes révolutionnaires. Voici le naturalisme et le fatalisme, victimes coutumières, risées habituelles de notre ami Lucien Moreau. Voici le pire des faux dieux, la Volonté du peuple, sous ses divers affublements. Et voici enfin cette « liberté de perdition », ce « délire » de la liberté de conscience et des cultes, conçue comme « un droit propre à chaque homme » : idée qu'un esprit juste ne peut supporter sans dégoût, — « *chaque homme* » érigé, de droit, en juge souverain du vrai et du faux !

Tout cela est bien vrai. Mais, plus encore que la vérité ou que la justesse, on savoure, ici, à une extrême puissance, la manière dont cette vérité-là nous est présentée. Oui, sa beauté, sa force, sa haute et fière pertinence, c'est, il me semble, d'émaner d'une intelligence hardie, d'une pensée complète, par là même exclusive et intolérante. L'Homme peut composer, s'apitoyer, tendre la main, donner son cœur. Mais la Pensée trace son cercle et, si vous en êtes dehors, elle vous signifie simplement que vous êtes hors d'elle, que *vous errez*. « Je ne vous connais pas », « je ne vous connais plus », c'est tout le sens de l'anathème. On s'est largement attendri sur les victimes de la sentence. Il doit être permis, aujourd'hui, d'admirer de combien de secours était cette sentence pour l'innombrable peuple obscur qu'elle défendait et fortifiait. La *définition* des logiciens n'est pas seulement le délice de l'imagination esthétique : elle est la sûreté de l'esprit qui se meut. Elle offre, en matière morale et religieuse, le même avantage qu'un fossé surmonté d'un talus que son rempart couronne. Institution cruelle et impitoyable, si l'on en juge par les grimaces du pauvre ennemi culbuté, mais pieusement tutélaire, véritable monument de miséricorde, refuge, protection, asile de pitié, si l'on veut bien songer aux amis innocents, qui en sont abrités et gardés sains et saufs.

De ce point de vue, de cet ordre, l'ordre et le point de vue de la méthode intellectuelle et morale, ce n'est pas seulement le conseil politique du *Syllabus* qu'utilisent nos libertins. Je voudrais faire entendre, à force de le répéter, combien le mode d'expression du dogme catholique forme, s'il est exactement pénétré et compris, un enseignement précieux. On pourra y apprendre le sens exact, l'usage approprié de la distinction juste et forte, la vue simultanée du semblable et du différent, la synthèse prompte et solide des divers points d'un même terme, l'enchaînement suivi des termes divers, enfin la bonne construction d'un ordre résistant. De pareilles leçons seront avantageuses à tous, même à ces écrivains de la *Lanterne*, qui imprimaient, le 11 mai dernier, justement à notre sujet : « *Parler de positivisme à propos du* Syllabus *est l'indice d'un toupet phénoménal ou de la plus singulière aberration. Ces mots hurlent d'être accouplés.* » L'auteur de cet entrefilet ignore évidemment ce qu'est le *Syllabus* et ce qu'est le positivisme, et c'est donc lui qui hurle en croyant entendre des mots hurler. Le *Syllabus*, en soi, reste le type et le modèle de l'architecture logique.

Assurément, il a des murailles, il a des voûtes, des piliers et des fondements. Il n'est pas tout en portes, en fenêtres, en ouvertures. Il n'est pas composé de vide aérien, ni d'espace nu. Il existe, il pose, il fonde, il décrit une figure déterminée : circonscrit, il exclut de lui ce qui n'est pas lui. Le reproche de *défendre à l'esprit humain d'aborder certains problèmes*, reproche que lui adressait l'autre jour, un jeune savant de nos amis, ce reproche n'a point de sens. Le *Syllabus* catholique ne défend l'abord d'aucun problème. Mais, de certains problèmes, il formule sa solution. L'admettez-vous? Vous êtes dans le sein de l'Église. Ne l'admettez-vous pas? Vous êtes dehors. Quelque dure que cette « excommunication » puisse paraître, elle n'est point le propre du *Syllabus* ni de l'Eglise. Toute doctrine, tout système, toute réalité excommunie pour exister. Au sens d'indétermination, la liberté pure est le néant pur. Mais la merveille, ici, c'est l'ampleur de l'ensemble, et la perfection du détail. Un petit nombre de catholiques semblent tenir expressément à ce que le *Syllabus* ne les oblige point en conscience, n'émane point d'une autorité surhumaine. Eh bien, je souhaiterais, moi aussi, pour d'autres raisons, que tous bons et vrais catholiques pussent penser cela : car je pourrais, alors, sans risque de froisser personne, écrire que voici un chef-d'œuvre de la sagesse et de la providence du génie humain.

CHARLES MAURRAS.

SYLLABUS (RÉSUMÉ)

DES PRINCIPALES ERREURS DE NOTRE TEMPS SIGNALÉES DANS LES ALLOCUTIONS CONSISTORIALES, ENCYCLIQUES ET AUTRES LETTRES APOSTOLIQUES DE NOTRE TRÈS SAINT-PÈRE LE PAPE PIE IX. (*La doctrine catholique est donc le contre-pied de tout ce qui suit*).

§ I. — *Panthéisme, naturalisme et rationalisme absolu.*

I. Il n'existe aucun Etre divin, suprême, parfait dans sa sagesse et sa providence, qui soit distinct de l'universalité des choses ; Dieu est identique à la nature des choses, et par conséquent assujetti aux changements ; Dieu, par cela même, se fait dans l'homme et dans le monde ; tous les êtres sont Dieu et ont la propre substance de Dieu. Dieu est ainsi une seule et même chose avec le monde, et conséquemment l'esprit avec la matière, la nécessité avec la liberté, le vrai avec le faux, le bien avec le mal, et le juste avec l'injuste (1).

II. On doit nier toute action de Dieu sur les hommes et sur le monde (2).

III. La raison humaine, considérée sans aucun

(1) Ce paragraphe, si remarquable par la vigueur dont les prémisses métaphysiques amènent les conclusions morales et politiques, fait inévitablement songer à M. Jaurès, le Panthéiste de Toulouse, comme l'appelle un de nos amis. On ne sait pas assez que M. Jaurès est bon panthéiste comme le montrent ses deux thèses de doctorat. On ne voit pas assez le lien du panthéisme et de la social-démocratie. Un Dieu immanent sacre la force des choses et divinise l'évolution des sociétés. Il sacre et divinise de la même manière tels arrêts fantaisistes des consciences insurgées. Et il enseigne aussi à ne rien distinguer afin de tout confondre. Beaucoup de semi-protestants de nos adversaires ne sont socialistes, démocrates ni dreyfusiens qu'en vertu de ces conceptions panthéistiques fondamentales.

(2) C'est le « Dieu républicain » d'Alfred de Musset. Il laisse faire et laisse passer, comme l'Etat de Ricardo, Frédéric Bastiat et Léon Say.

rapport à Dieu, est l'unique arbitre du vrai et du faux, du bien et du mal ; elle est à elle-même sa loi, elle suffit par ses forces naturelles pour procurer le bien des hommes et des peuples (3).

IV. Toutes les vérités de la religion découlent de la force native de la raison humaine ; d'où il suit que la raison est la règle souveraine d'après laquelle l'homme peut et doit acquérir la connaissance de toutes les vérités de toute espèce (4).

V. La révélation divine est imparfaite, et par conséquent sujette à un progrès continuel et indéfini qui répond au développement de la raison humaine.

VI. La foi du Christ est en opposition avec la raison humaine, et la révélation divine non seulement ne sert de rien, mais elle nuit à la perfection de l'homme.

VII. Les prophéties et les miracles exposés et racontés dans les saintes Ecritures sont des fictions poétiques et les mystères de la foi chrétienne sont le résumé d'investigations philosophiques ; dans les livres des deux Testaments sont contenues des inventions mythiques, et Jésus lui-même est un mythe.

(3) Individuelle ou générale, cette « raison » paraît avoir ici pour caractère essentiel le grand attribut libéral : *l'indépendance*. Or, tout est dépendant et interdépendant, tout est relatif : voilà ce que disent ensemble la critique, l'expérience, la science.

(4) Ici commence une série de propositions strictement religieuses. Nous n'aurons pas l'indiscrétion d'y pénétrer. Il nous suffira d'admirer l'extrême inconséquence et l'inconsistance bizarre des mixtures de « rationalisme » et de religion que le *Syllabus* poursuit avec tant de logique au nom de l'économie générale et du principe central du catholicisme. Admirez notamment, au paragraphe X, la distinction piteuse, ébauchée par quelque cerveau libéral, entre la philosophie et le philosophe.

§ II. — *Rationalisme modéré.*

VIII. Comme la raison humaine est égale à la religion elle-même, les sciences théologiques doivent être traitées comme les sciences philosophiques.

IX. Tous les dogmes de la religion chrétienne sans distinction sont l'objet de la science naturelle ou philosophie ; et la raison humaine, n'ayant qu'une culture historique, peut, d'après ses principes et ses forces naturelles, parvenir à une vrai connaissance de tous les dogmes, même les plus cachés, pourvu que ces dogmes lui aient été proposés comme objet.

X. Comme autre chose est le philosophe et autre chose la philosophie, celui-là a le droit et le devoir de se soumettre à une autorité qu'il a reconnue lui-même être vraie; mais la philosophie ne peut ni ne doit se soumettre à aucune autorité.

XI. L'Eglise non seulement ne doit dans aucun cas, sévir contre la philosophie mais elle doit tolérer les erreurs de la philosophie et lui abandonner le soin de se corriger elle-même.

XII. Les décrets du Siège Apostolique et des congrégations romaines empêchent le libre progrès de la Science (5).

XIII. La méthode et les principes d'après lesquels les anciens docteurs scolastiques ont cultivé la théologie, ne conviennent plus aux néces-

(5) Cet article XII répond à l'objection de notre ami, citée plus haut : *les décrets du Siège apostolique et des Congrégations romaines* n'empêchent en effet d'aborder aucun problème; car, essentiellement, ils n'ont trait à aucun problème que veuille aborder la science.

sités de notre temps et au progrès des sciences (6).

XIV. On doit s'occuper de philosophie, sans tenir aucun compte de la révélation surnaturelle (7).

§ III. — *Indifférentisme. Latitudinarisme.*

XV. Il est libre à chaque homme d'embrasser et de professer la religion qu'il aura réputée vraie d'après la lumière de la raison (8).

XVI. Les hommes peuvent trouver le chemin du salut éternel et obtenir le salut éternel dans le culte de n'importe quelle religion.

XVII. Au moins doit-on bien espérer du salut

(6) La méthode *des anciens docteurs* avait pour principal défaut d'être loyale et claire; le libéralisme, qui n'est qu'une pêche en eau trouble, commence par supplier les gens de ne point définir les termes, de ne point les qualifier, ni les enchaîner, ni les mettre en réaction les uns sur les autres : moyennant quoi, sans doute, si l'on peut espérer de vivre en paix avec son voisin, on ne peut rêver d'entrer en conversation avec lui : où serait la langue commune?

Le préjugé antiscolastique aurait pour dernier effet la disparition du langage et la suppression de tout rapport intellectuel entre les hommes. En défendant la méthode *des anciens docteurs*, c'est la civilisation et l'humanité que l'Eglise défend.

(7) Des critiques non catholiques se sont souvent demandé comment cette bizarre dissociation avait pu se former dans la pensée d'un catholique.

(8) Il est très singulier qu'en effet, dans leur manie de subjectivisme, des libéraux qui sont des croyants, ne reconnaissent aucun privilège, aucun droit particulier, à ce qu'ils tiennent cependant pour le Vrai objectif! Le libéral n'est rien qu'un esprit désorganisé. Car enfin, si vous admettez qu'il existe une vérité *religieuse*, vous ne pouvez admettre qu'elle soit à la merci du premier doute *individuel :* vous devez en conclure que l'homme, même sollicité par ce qu'il nomme sa raison, reste enchaîné par la force de l'adhésion antérieure de tout son être. Sa volonté, sa foi (traduisez sa fidélité) doivent le garder et, littéralement, le sauver. Une psychologie si fine peut suggérer les grandes lignes d'un système complet d'hygiène morale et même sociale.

éternel de tous ceux qui ne vivent pas dans le sein de la véritable Eglise du Christ.

XVIII. Le protestantisme n'est pas autre chose qu'une forme diverse de la même vraie religion chrétienne, forme dans laquelle on peut être agréable à Dieu aussi bien que dans l'Eglise catholique.

§ IV. — *Socialisme, Communisme, Sociétés secrètes, Sociétés bibliques, Sociétés cléricolibérales.*

Ces sortes de pestes sont souvent frappées de sentences formulées dans les termes plus graves, dans l'Encyclique *Qui pluribus* du 9 novembre 1846, dans l'Allocution *Quibus quantisque* du 20 avril 1849, etc.

§ V. — *Erreurs relatives à l'Eglise et à ses droits*

XIX. — L'Eglise n'est pas une vraie et parfaite société pleinement libre ; elle ne jouit pas de ses droits propres et constants que lui a conférés son divin Fondateur ; mais il appartient au pouvoir civil de définir (9) quels sont les droits de l'Eglise et les limites dans lesquelles elle peut les exercer.

XX. La puissance ecclésiastique ne doit pas exercer son autorité sans la permission et l'assentiment du gouvernement civil (10).

XXI. L'Eglise n'a pas le pouvoir de définir

(9) C'est la théorie de la *liberté octroyée :* elle n'est même pas juste pour les libertés communales ou professionnelles ! Toute doctrine de l'Etat dispensateur et distributeur des droits sera dissoute par cette simple observation que la société, tant spirituelle que temporelle, est antérieure, tant logiquement qu'historiquement, à l'Etat.

(10) Vieille et plaisante prétention de quelques docteurs gallicans, lesquels se diviseraient d'ailleurs sur le détail, suivant qu'on entendrait par « la puissance ecclésiastique » ou Rome

dogmatiquement que la religion de l'Eglise catholique est uniquement la vraie religion.

XXII. L'obligation qui concerne les maîtres et les écrivains catholiques se borne aux choses qui ont été définies par le jugement infaillible de l'Eglise, comme des dogmes de foi qui doivent être crus par tous (11).

XXIII. Les Souverains Pontifes et les Conciles œcuméniques se sont écartés des limites de leur pouvoir; ils ont usurpé les droits des princes et ils ont même erré dans les définitions relatives à la foi et aux mœurs.

XXIV. L'Eglise n'a pas le droit d'employer la force; elle n'a aucun pouvoir temporel direct ou indirect (12).

ou l'Eglise de France. On doit voir aujourd'hui que l'extravagance condamnée à l'article XX du *Syllabus* pourrait se définir le monde renversé : car comment le spirituel pourrait-il solliciter « permission » ou « assentiment » du temporel ? Auguste Comte répondrait par un rire d'indignation.

(11) Les « maîtres » et « écrivains », ayant plus de droits que les autres, en ont aussi plus de devoirs. Si les simples ouailles peuvent se contenter d'adhérer aux dogmes définis par le « jugement infaillible » de l'Eglise, les « écrivains », les « maîtres » doivent montrer, en outre, une prudence singulière dans les sujets où la définition dogmatique n'est pas intervenue. Prudence impliquant une déférence extrême envers les simples conseils, une stricte obéissance aux simples règles de discipline.

(12) L'article XXIV et ceux qui suivent doivent être examinés au flambeau de cette question préalable : — Oui ou non, l'Eglise est-elle une force morale autonome? Si oui, les solutions du *Syllabus* ne font pas de doute : l'Eglise a le droit d'user de la force matérielle dont elle peut disposer dans les sociétés pleinement et unanimement catholiques, comme, dans un animal vigoureux, la volonté a le droit de mouvoir le bras; ce que l'Eglise a de pouvoir temporel ne dépend point de l'Etat; elle a le droit d'acquérir ou de posséder, d'exercer une autorité temporelle, etc. ; elle ne sort pas de son rôle en se mêlant des affaires de l'Etat; mais l'Etat sort du sien en s'introduisant dans les affaires de l'Eglise... Tout ceci entendu

XXV. En dehors du pouvoir inhérent à l'épiscopat, il y a un pouvoir temporel qui lui a été concédé ou expressément ou tacitement par l'autorité civile, révocable par conséquent à volonté par cette même autorité civile.

XXVI. L'Eglise n'a pas le droit naturel et légitime d'acquérir et de posséder.

XXVII. Les ministres sacrés de l'Eglise et le Pontife Romain doivent être exclus de toute gestion et autorité sur les choses temporelles.

XXVIII. Il n'est pas permis aux évêques de publier même des Lettres apostoliques, sans la permission du gouvernement.

XXIX. Les grâces accordées par le Pontife Romain doivent être regardées comme nulles, si elles n'ont pas été demandées par l'entremise du gouvernement.

très généralement et déduit des définitions du pouvoir temporel et du pouvoir spirituel, mais sujet, en pratique, à toutes sortes de nuances et d'amendements proportionnels à la force et à l'étendue de la foi catholique dans chaque société donnée. L'exercice d'un droit est autre chose que ce droit. Encore ne faut-il pas oublier — si l'on veut juger équitablement du passé à la clarté de ces principes et n'en pas appliquer à tort et à travers les vérités certaines — que les princes du moyen âge se prenaient volontiers pour des dignitaires ecclésiastiques : les deux sociétés purent leur apparaître confondues et représentées dans leur personne. Pour notre France, en particulier, n'exagérons pas la gravité de certains conflits. Le prince qui disait : *l'Etat, c'est moi!* s'inclinait comme ses ancêtres devant ses confesseurs et ses prédicateurs. A se mesurer et à se limiter l'un par l'autre, les deux grands Pouvoirs amis et concurrents ont peut-être augmenté leur conscience, leur puissance et leur dignité respectives. L'incertitude de l'état de choses antérieur au *Syllabus* et au Concile détermina une sorte d'émulation qui, dangereuse en elle-même, donna plus d'un heureux effet. Jamais l'Eglise n'eut plus d'autorité que sous l'ancienne Monarchie. Et jamais le pouvoir civil ne fut mieux défendu, plus armé ni plus influent dans l'Eglise. Le saint roi Louis IX peut être dit anticlérical, et c'est pour complaire à Philippe le Bel qu'il fut canonisé.

XXX. L'immunité de l'Eglise et des personnes ecclésiastiques tire son origine du droit civil.

XXXI. Le for ecclésiastique pour les procès temporels des clercs, soit au civil, soit au criminel, doit absolument être aboli, même sans consulter le Siège apostolique et sans tenir compte de ses réclamations (13).

XXXII. L'immunité personnelle, en vertu de laquelle les clercs sont exempts de la milice, peut être abrogée sans aucune violation de l'équité et du droit naturel. Le progrès civil demande cette abrogation surtout dans une société constituée d'après une législation libérale (14).

XXXIII. Il n'appartient pas uniquement de droit propre et naturel à la juridiction ecclésiastique de diriger l'enseignement des choses théologiques (15).

XXXIV. La doctrine de ceux qui comparent le Pontife Romain à un prince libre et exerçant son pouvoir dans l'Eglise universelle, est une doctrine qui a prévalu au moyen âge.

XXXV. Rien n'empêche que par un décret d'un concile général ou par le fait de tous les peuples le souverain pontificat soit transféré de l'Evêque romain et de la ville de Rome à un autre évêque et à une autre ville,

XXXVI. La définition d'un concile national n'admet pas d'autre discussion et l'administration

(13) Toutes les juridictions particulières sont d'ordre social, de « droit » naturel, donc antérieur à l'Etat. L'Etat les détruit quelquefois et la force des choses les rétablit toujours. Exemple : nos conseils de prudhommes.

(14) Même observation que dessus. L'égalité et l'uniformité sont si peu « le progrès » qu'elles fournissent la plus oppressive des règles. Seul le privilège affranchit.

(15) L'on a discuté de cela !

civile peut exiger qu'on traite dans ses limites.

XXXVII. On peut instituer des Eglises nationales soustraites à l'autorité du Pontife Romain et *pleinement* séparées de lui (16).

XXXVIII. Trop d'actes arbitraires de la part des Pontifes Romains ont poussé à la division de l'Eglise en orientale et occidentale.

§ VI. — *Erreurs relatives à la société civile, considérée soit en elle-même, soit dans ses rapports avec l'Eglise.*

XXXIX. L'Etat, comme étant l'origine et la source de tous les droits, jouit d'un droit qui n'est circonscrit par aucune limite (17).

XL. La doctrine de l'Eglise catholique est

(16) L'adverbe *pleinement* est remarquable comme atténuation et fine réserve. Une forte erreur de tels nationalistes, illusionnés sur la portée et la nature des rêveries gallicanes, est de penser que l'unité romaine implique uniformité ou centralisation rituelle. La diversité des uniates d'Orient répond suffisamment à cette confusion. Mais le Gallicanisme était vraiment séparatiste. Il représenta, à mon sens, une de ces lourdes et redoutables surcharges du pouvoir régalien qui usa et dispersa ce pouvoir hors de sa véritable sphère, comme tant d'autres surcharges centralisatrices qui datèrent de Mazarin et de Colbert! Sans faire de querelles à la mémoire du grand roi et de ses ministres, sans leur faire l'injure de les assimiler à l'Assemblée Constituante, dont leur sagesse n'aurait jamais admis la doctrine sauvage, il faut voir dans les faits déplorables qu'ils accomplirent le germe des principes destructeurs qui se dégagèrent plus tard. Les quatre articles ne sont pas la Constitution du clergé; la brèche de Marseille n'est pas la suppression des anciennes provinces : et néanmoins il y eut bien un peu de ceci dans cela! Le mot de *responsabilités* est trop fort pour un simple précédent, inconscient et involontaire. Et, toutefois, le précédent vaut la peine d'être regretté.

(17) C'est l'ineptie originelle de toute la sociologie démocrate. On en a lu plus haut la critique. Si l'on parle droit, la source des droits sociaux, c'est la société, et nullement l'Etat!

opposée au bien et aux intérêts de la société humaine (18).

XLI. La puissance civile, même quand elle est exercée par un prince infidèle, possède un pouvoir indirect négatif sur les choses sacrées. Elle a par conséquent non seulement le droit d'*exequatur*, mais encore le droit qu'on nomme d'*appel comme d'abus*.

XLII. En cas de conflit légal entre les deux pouvoirs, le droit civil prévaut (19).

XLIII. La puissance laïque a le pouvoir de casser, de déclarer et rendre nulles les conventions solennelles (*concordats*) conclues avec le Siège Apostolique, relativement à l'usage des droits qui appartiennent à l'immunité ecclésiastique, sans le consentement de ce Siège et malgré ses réclamations (20).

XLIV. L'autorité civile peut s'immiscer dans les choses qui regardent la religion, les mœurs et le régime spirituel. D'où il suit qu'elle peut juger des Instructions que les pasteurs de l'Eglise publient, d'après leur charge, pour la règle des consciences; elle peut même décider sur l'administration des sacrements et les dispositions nécessaires pour les recevoir (21).

XLV. Toute la direction des écoles publiques

(18) Nous nous tuons ici à prouver le contraire. De quoi nous veulent male mort des catholiques libéraux, heureusement fort peu nombreux.

(19) Ces articles XLI, XLII sont réglés par la considération, énoncée ci-dessus, que le temporel ne peut prévaloir sur le spirituel, non plus que le moins noble sur le plus noble.

(20) Cet article violé par MM. Combes, Delcassé et Loubet énonce un usage du droit commun en même temps que de ette politesse française qui fit longtemps autorité en Europe.

(21) Ces misères n'ont peut-être qu'un intérêt historique. Et peut-être aussi les reverra-t-on...

dans lesquelles la jeunesse d'un Etat chrétien est élevée, si l'on en excepte dans une certaine mesure les séminaires épiscopaux, peut et doit être attribuée, à l'autorité civile, et cela de telle manière qu'il ne soit reconnu à aucune autre autorité le droit de s'immiscer dans la discipline des écoles, dans le régime des études, dans la collation des grades, dans le choix ou l'approbation des maîtres (22).

XLVI. Bien plus, même dans les séminaires des clercs, la méthode à suivre dans les études est soumise à l'autorité civile.

XLVII. La bonne constitution de la société civile demande que les écoles populaires, qui sont ouvertes à tous les enfants de chaque classe du peuple, et en général que les institutions publiques destinées aux lettres, à une instruction supérieure et à une éducation plus élevée de la jeunesse, soient affranchies de toute autorité de l'Eglise, de toute influence modératrice et de toute ingérence de sa part, et qu'elles soient pleinement soumises à la volonté de l'autorité civile et politique, suivant le désir des gouvernants et le courant des opinions générales de l'époque (23).

XLVIII. Des catholiques peuvent approuver un

(22) L'Etat, chrétien ou non, est le fonctionnaire de la société. Une société catholique a manifestement le droit de surveiller l'éducation religieuse et morale de ses enfants, et cette surveillance ne peut y appartenir qu'à son Eglise.

(23) Quelle anarchie a toujours préparée et préparera fatalement une telle exclusion de tout pouvoir spirituel! *Pleinement soumises à la volonté de l'autorité civile et politique*, nos écoles sont aujourd'hui des foyers de socialisme, d'antimilitarisme, d'antipatriotisme. Le *Syllabus* montre pourquoi : « *suivant le désir des gouvernants et le courant des opinions générales de l'époque.* »

système d'éducation en dehors de la foi catholique et de l'autorité de l'Eglise et qui n'ait pour but, ou du moins pour but principal, que la connaissance des choses purement naturelles et la vie sociale sur cette terre (24).

XLIX. L'autorité séculière peut empêcher les évêques et les fidèles de communiquer librement entre eux et avec le Pontife Romain.

L. L'autorité séculière a par elle-même le droit de présenter les évêques et peut exiger d'eux qu'ils prennent en main l'administration de leurs diocèses, avant qu'ils aient reçu du Saint-Siège l'institution canonique et les Lettres Apostoliques.

LI. Bien plus, la puissance séculière a le droit d'interdire aux évêques l'exercice du ministère pastoral, et elle n'est pas tenue d'obéir au Pontife Romain en ce qui concerne l'institution des évêchés et des évêques.

LII. Le gouvernement peut, de son propre droit, changer l'âge prescrit pour la profession religieuse, tant des femmes que des hommes, et enjoindre aux communautés religieuses de n'admettre personne aux vœux solennels sans son autorisation.

LIII. On doit abroger les lois qui protègent l'existence des familles religieuses, leurs droits et leurs fonctions; bien plus la puissance civile peut donner son appui à tous ceux qui voudraient quitter l'état religieux qu'ils avaient embrassé et enfreindre leurs vœux solennels ; de même elle peut supprimer complètement ces mêmes com-

(24) A partir de l'article XLVIII, les erreurs condamnées portent cette marque de l'absurde : la contradiction dans les termes. Elles mènent à la confusion des fonctions et au renversement de toute juste relation du spirituel et du temporel.

munautés religieuses, aussi bien que les églises collégiales et bénéfices simples, même de droit de patronage, attribuer et soumettre leurs biens et revenus à l'administration et à la volonté de l'autorité civile.

LIV. Les rois et les princes, non seulement sont exempts de la juridiction de l'Eglise, mais même ils sont supérieurs à l'Eglise quand il s'agit de trancher les questions de juridiction.

LV. L'Eglise doit être séparée de l'Etat, et l'Etat séparée de l'Eglise (25).

§ VII. — *Erreurs concernant la morale naturelle et chrétienne.*

LVI. Les lois de la morale n'ont pas besoin de la sanction divine, et il n'est pas du tout nécessaire que les lois humaines se conforment au droit naturel ou reçoivent de Dieu le pouvoir d'obliger (26).

LVII. La science des choses philosophiques et morales, de même que les lois civiles, peuvent et doivent être soustraites à l'autorité divine et ecclésiastique (27).

LVIII. Il ne faut reconnaître d'autres forces

(25) Rappelons que nous définissons autrement les rapports du spirituel et du temporel. Comment admettre, dans une société catholique, ce monstre ou plutôt ce cadavre : l'âme d'un côté, de l'autre le corps ?

(26) Morale indépendante, dit Kant. Loi souveraine parce que la Loi, dit Rousseau. Ici encore la politique théologique se trouve vérifiée par la politique positive qui subordonne la loi à l'utilité la plus générale. Mais, en logique catholique, le plus général de tous les biens, le souverain bien, s'appelle Dieu.

(27) Quel pouvoir spirituel, assuré de représenter une synthèse quelconque, négligerait le haut contrôle de la science et de la loi ? Et quel savant adhérent à cette synthèse, quel législateur affilié à l'organisation que ce pouvoir éclaire *voudrait* négliger le visa de ce pouvoir spirituel interprète de la vérité théorique et dépositaire des règles de la vie ?

que celles qui résident dans la matière, et tout système de morale, toute honnêteté doit consister à accumuler et augmenter ses richesses de toute manière, et à se livrer aux plaisirs (28).

LIX. Le droit consiste dans le fait matériel; tous les devoirs des hommes sont un mot vide de sens, et tous les faits humains ont force de droit (29).

LX. L'autorité n'est autre chose que la somme du nombre et des forces matérielles (30).

LXI. Une injustice de fait couronnée de succès ne préjudicie nullement à la sainteté du droit.

LXII. On doit proclamer et observer le principe de *non intervention* (31).

LXIII. Il est permis de refuser l'obéissance aux princes légitimes et même de se révolter contre eux (32).

(28) Observons que la fonction propre du pouvoir spirituel est d'empêcher cette plate conduite de l'existence individuelle.

(29) Tout au moins analogue à la doctrine catholique, la politique réaliste définit le droit comme un fait couronné des consentements de l'histoire, c'est-à-dire un fait d'une bienfaisance éprouvée; or, d'entre « tous » les faits humains, cela en écarte un grand nombre, notamment les faits visés à l'article LXI : les injustices qui débutent par le succès.

(30) Nous allons plus loin dans le même sens : cette « somme », qui ne saurait produire une autorité, ne fournit même pas, d'après nous, la juste expression de l'intérêt public. Et nous le prouvons.

(31) En quelque sens que l'on entende la non-intervention, elle a été souvent funeste à ceux qui l'ont professée *comme un principe*. C'est ainsi que les capitalistes ont laissé s'accumuler beaucoup de rancune et d'envie dans les classes qu'ils employaient. C'est ainsi que les princes ont laissé faire beaucoup de révolutions chez le voisin. Et les uns et les autres ont dû le payer par la suite.

(32) L'insurrection *n'est pas* le plus saint des devoirs. Il *est* des gouvernements légitimes. Mais quels sont ces gouvernements? Notre maître Drumont écrivait, le 12 mai dernier : « En réalité, il n'y a pas eu de légalité depuis l'envahissement des Tuileries au 10 août 1792. Un régime qui avait des siècles

LXIV. La violation d'un serment, quelque saint qu'il soit, et toute action criminelle et honteuse opposée à la loi éternelle, non seulement ne doit pas être blâmée, mais elle est tout à fait licite et digne des plus grands éloges, quand elle est inspirée par l'amour de la patrie (33).

§ VIII. — *Erreurs concernant le mariage chrétien*

LXV. On ne peut établir par aucune raison que le Christ a élevé le mariage à la dignité de sacrement (34).

LXVI. Le sacrement de mariage n'est qu'un accessoire du contrat et qui peut en être séparé,

d'existence pouvait passer pour légal. Depuis cette époque, en dehors des gouvernements, sortis de Brumaire et de Décembre, qui ne peuvent être offerts comme des exemples de légalité, les régimes qui se sont succédé n'ont représenté que le succès d'un mouvement populaire parisien : la volonté de quelques hommes résolus et braves qui, au mois de juillet 1830, au mois de février 1848, au 4 septembre 1870, se sont assis le plus tranquillement du monde sur la légalité du moment (*Libre-Parole*). »

(33) Nous pensons qu'il sera utile de rappeler, sur cet article, ce que nous avons répondu à Marc Sangnier, dans l'*Action française* du 15 avril 1905 (p. 104 et 105, en note) au sujet de notre défense du colonel Henry. Sangnier avait suivi les auteurs dreyfusiens et c'est d'après eux qu'il s'était hâté de juger cette pièce. Nous l'avons renvoyé au texte. Ceux d'entre nous qui ont composé leur synthèse subjective par rapport à l'idée de Patrie en ont tiré des lois un peu supérieures à l'utilité immédiate et grossière de la patrie. Cette idée de Patrie, *pulcherrima rerum*, ne leur commande rien de « criminel » ni de « honteux ». Elle ne sert donc point à fausser la nature humaine ni à favoriser les instincts d'artifice ou de férocité... — Mais en cas de nécessité? Mais lorsque le salut public est menacé? — Le cas de nécessité n'est pas le cas de moralité. En cas de nécessité, s'approprier un pain n'est pas le voler, faire la guerre n'est pas organiser l'homicide : une autre loi, une *loi suprême* ou *extrême* intervient alors.

(34) Rappelons que l'indissolubilité du mariage marque un des accords les plus sérieux du comtisme et de la morale catohlique.

et le sacrement lui-même ne consiste que dans la seule bénédiction nuptiale.

LXVII. De droit naturel, le lien du mariage n'est pas indissoluble, et dans différents cas le divorce proprement dit peut être sanctionné par l'autorité civile.

LXVIII. L'Eglise n'a pas le pouvoir d'apporter des empêchements dirimants au mariage ; mais ce pouvoir appartient à l'autorité séculière, par laquelle les empêchements existants peuvent être levés.

LXIX. L'Eglise, dans le cours des siècles, a commencé à introduire les empêchements dirimants, non par son droit propre, mais en usant du droit qu'elle avait emprunté au pouvoir civil.

LXX. Les canons du concile de Trente qui prononcent l'anathème contre ceux qui osent nier le pouvoir qu'a l'Eglise d'opposer des empêchements dirimants ne sont pas dogmatiques ou doivent s'entendre de ce pouvoir emprunté.

LXXI. La forme prescrite par le concile de Trente n'oblige pas sous peine de nullité, quand la loi civile établit une autre forme à suivre et veut qu'au moyen de cette forme le mariage soit valide.

LXXII. Boniface VIII a le premier déclaré que le vœu de chasteté prononcé dans l'ordination rend le mariage nul.

LXXIII. Par la force du contrat purement civil, un vrai mariage peut exister entre chrétiens ; et il est faux, ou bien que le contrat de mariage entre chrétiens soit toujours un sacrement, ou que ce contrat soit nul en dehors du sacrement.

LXXIV. Les mariages et les fiançailles par leur nature relèvent du droit civil.

N. B. — Ici peuvent se placer deux autres erreurs : l'abolition du célibat ecclésiastique (35) et la préférence due à l'état de mariage sur l'état de virginité.

§ IX. — *Erreurs sur le principat civil du Pontife Romain.*

LXXV. Les fils de l'Eglise chrétienne et catholique disputent entre eux sur la compatibilité de la royauté temporelle avec le pouvoir spirituel.

LXXVI. L'abrogation de la Souveraineté civile dont le Saint-Siège est en possession, servirait, même beaucoup à la liberté et au bonheur de l'Eglise (36).

N. B. — Outre ces erreurs explicitement notées, plusieurs autres erreurs sont implicitement condamnées par la doctrine qui a été exposée et soutenue sur le principat civil du Pontife Romain, que tous les catholiques doivent fermement professer.

§ X. — *Erreurs qui se rapportent au libéralisme moderne.*

LXXXVII. A notre époque, il n'est plus utile que la religion catholique soit considérée comme

(35) J'ai montré, dans le *Figaro* de 1901 et ici même, quel inconvénient moral et politique aurait toute formation d'une tribu de Lévi. A ne considérer la chose que sérieusement, ce serait de la graine de révolution religieuse. Pour la prendre gaîment, il faut relire l'*Aînée* de M. Jules Lemaître.

(36) Est-il possible d'omettre ici la remarquable convergence de l'intérêt français et de l'intérêt catholique dans la question romaine? Le pouvoir temporel du pape constituait un providentiel obstacle européen à l'achèvement de l'unité en Italie. Nous avons tout fait, de 1854 à 1870, pour tourner ce précieux obstacle et, depuis que nous l'avons laissé détruire, nous nous attachons à priver le Saint-Siège de notre concours, de manière à le rejeter vers le Savoyard. Quelle folie, et que l'on n'eût pas commise à Versailles !

l'unique religion de l'Etat, à l'exclusion de tous les autres cultes (37).

LXXVIII. Aussi c'est avec raison que, dans quelques pays catholiques, la loi a pourvu à ce que les étrangers qui s'y rendent y jouissent de l'exercice public de leurs cultes particuliers (38).

LXXIX. Il est faux que la liberté civile de tous les cultes et que le plein pouvoir laissé à tous de manifester ouvertement et publiquement toutes leurs pensées et toutes leurs opinions, jettent plus facilement les peuples dans la corruption des mœurs et de l'esprit, et propagent la peste de l'*Indifférentisme* (39).

LXXX. Le Pontife Romain peut et doit se réconcilier et transiger avec le progrès, le libéralisme et la civilisation moderne (40).

(37) Voilà pourtant qui serait bien utile, partout où ce serait possible, à la cause de la civilisation générale, également menacée par le protestantisme et la démocratie, l'anarchie des esprits, la barbarie des cœurs.

(38) « *Avec raison* », qui est la version de la librairie de la rue François Ier que nous suivons en tout ceci (*Bons livres, éditions exactes et belles*, rue François-Ier, n° 8) ne traduit pas très exactement le « *laudabiliter* » du texte. Le mot latin veut dire « *louablement* », ou « de manière à ce qu'il y ait lieu de s'en féliciter ». Le Pape — comprenons-le bien — ne veut pas, et avec raison, et à bon droit — *jure!* — que l'on prenne un pis-aller pour un bien digne de louange. Mieux vaudrait assurément que les cultes étrangers pussent bénéficier en secret d'une simple licence, la publicité, la légalité et la gloire étant justement réservés à la religion du pays.

(39) Le libéralisme conduit au scepticisme et à la corruption. Le Pape interdit de soutenir le contraire. Le sens commun aussi.

(40) Le Pontife romain estime avec raison qu'il représente un principe supérieur au libéralisme et que la civilisation moderne, le progrès, tout le *positif* du monde contemporain, c'est lui, Pape, qui en est la figure vivante. — CH. M.

TRADITION FRANÇAISE ET RAISON HUMAINE

III. — La réaction traditionnaliste.

Nous avons vu précédemment (1) à quelle dissolution complète de la personnalité aboutit pour une intelligence lucide le parti pris de n'affirmer aucune opinion dont l'évidence ne s'impose avec certitude au plus intime de la conscience. Il n'y a point de définitions abstraites du Bien ou du Beau, il n'y a pas même de jugements particuliers dans l'ordre esthétique et moral, dont le contraire puisse être absolument exclu par l'esprit passionné d'analyse, qui veut par-dessus tout l'indépendance vis-à-vis des préjugés, et la sincérité vis-à-vis de soi-même. « Es-tu certain que cela t'intéresse? » demandait, nous l'avons vu, le plus aigu des psychologues en face du paysage qui l'émouvait profondément. Ainsi arrive à se récuser soi-même l'individu qui n'a pas renoncé à s'affranchir de toute autorité extérieure : dans quelle indécision ne sera-t-il point · s'il est question d'agir, comment choisira-t-il entre les divers mobiles qui pourront le solliciter? Nul autre recours, disions-nous, que le caprice ou l'inertie, impossibilité rigoureuse de se conduire avec méthode.

Le pur néant, qui est le dernier terme, mais le terme incontestable de l'analyse intérieure en tant qu'elle se propose d'écarter tous les préjugés, ce pur néant ne sera certes jamais atteint par le plus grand nombre des individus. Il faut, pour y

(1) V. dans l'*Action française* du 15 avril dernier.

parvenir, une intelligence exercée et une netteté d'esprit qui ne sont pas le fait du commun des hommes. La plupart de ceux qui se croient, comme on dit, des libres penseurs, conservent au fond d'eux-mêmes autant et beaucoup plus de convictions irraisonnées, de partis pris tout sentimentaux, qu'il n'en serait besoin pour agir avec suite. Et ce n'est nullement par la timidité dans l'affirmation que pèchent d'ordinaire les sectateurs du rationalisme anticlérical.

Aussi bien ne saurait-on davantage leur reprocher d'abuser de l'analyse intérieure. « M. Clemenceau ne fait pas oraison », disait autrefois Renan pour expliquer un radicalisme qui le choquait. Et l'on imagine mal en effet un Clemenceau longtemps retenu d'agir par un doute sur un principe. De même pour tant d'esprits qui se croient avancés, et qui se détachent moins de la croyance en Dieu, de la Patrie, de la Propriété, qu'ils ne se font les apôtres de l'athéisme, de l'internationalisme et de l'anarchie, apôtres militants, admirables souvent de sincérité, et dévoués parfois jusqu'à la guillotine. Ce ne sont pas ici des convictions qui s'anémient, ce sont des convictions particulières, différentes des convictions traditionnelles, et fanatiquement défendues. Elles empruntent sans aucun droit l'étiquette rationaliste, elles expriment, nous l'avons vu, les exigences du sentiment le moins *raisonnable*, je veux dire le plus arbitraire, ou le moins justifié devant la raison.

Ces convictions, nous ne pouvons trop le répéter, sont souvent aussi sincères que possible, elles correspondent dans une foule de cas à des intentions toutes désintéressées, parfois profondément généreuses. Il n'en serait pas moins insensé de méconnaître qu'elles sont fortifiées chez un bon nombre d'individus, et tout à fait suppléées chez quelques-uns, par un sentiment exact de l'intérêt de parti ou même directement de l'intérêt personnel. Certaines maximes qui tendent à détruire les conditions de l'ordre français, c'est-à-dire en même temps les conditions de la prospérité de notre pays, et les conditions qui maintiennent la civilisation universelle, ces mêmes maximes, celles par exemple qui ont inspiré la Déclaration des Droits de l'Homme, se trouvent favoriser des intérêts très particuliers, les intérêts immédiats des bénéficiaires et des héritiers de la Révolution, les intérêts des Quatre Etats confédérés et de leur clientèle, les intérêts des juifs, des protestants, des maçons et des étrangers. Ainsi un petit nombre d'ennemis-nés et d'ennemis conscients de l'ancienne tradition française encadrent-ils et soutiennent-ils pour leur plus grand profit particulier une masse de braves gens dont ils égarent la générosité. Tous ces éléments réunis constituent de la sorte une véritable religion, que M. Joseph Reinach a lui-même nommée la religion républicaine, religion à laquelle on aurait tous les droits d'appliquer une critique analogue dans les termes à l'injuste critique des Encyclopédistes, religion dans laquelle on reconnaîtrait bientôt, d'une part, chez les fidèles, une aveugle crédulité, d'autre part, chez les pontifes, un paisible scepticisme et le dessein ingénieux d'exploiter les naïfs. Et il ne manque à cette religion ni ces néophytes ingénus que dupe le charlatanisme du langage — c'est-à-dire ici le prestige usurpé de la raison, l'équivoque rationaliste — ni ces néophytes moins désintéressés que réduit enfin la longue privation des bienfaits positifs que réserve la théocratie républicaine « à ceux qui font vœu d'être siens », bureaux de tabac ou distinctions honorifiques.

Ces sentiments tout religieux chez les plus simples, ces appétits personnels chez les plus habiles, le mélange des deux éléments dans un très grand nombre de cas, sont tout ce qui retient les libres penseurs républicains de connaître ou de professer le nihilisme radical que nous avons décrit. Il résulte de là que les esprits les plus droits, du moment qu'ils ont commencé de commettre les principes à l'examen de la raison, tel que l'entend le protestantisme révolutionnaire, accèdent nécessairement à ce nihilisme, à proportion même de leur clairvoyance et de leur intégrité intellectuelle. Conséquence qui satisfait la logique et que vérifie l'histoire du XIXe siècle : de plus en plus, l'élite des intelligences a été entamée par le doute et s'est détournée de l'action. L'on a vu agir, d'une part les sectateurs plus ou moins sincères de la Révolution, d'autre part des *réactionnaires* ou des *cléricaux* qui se réclamaient toujours, — hormis quelques penseurs puissants, que nous sommes fiers d'appeler « Nos Maîtres », les Auguste Comte et les Joseph de Maistre — non point de la raison ou de l'intelligence, mais de *croyances* ou de *traditions*. Renvoyer dos à dos les cléricaux et les révolutionnaires, comme représentant des partis pris également arbitraires, et d'ailleurs légitimes pour leurs défenseurs respectifs et dans la mesure où ils ne prétendent pas s'exclure, tel paraissait le chef-d'œuvre de la liberté d'esprit à la fin du XIXe siècle, et toute intelligence fut estimée selon la mesure où elle parvenait à cette liberté.

Une telle liberté n'autorisant ceux qui en jouissent à se ranger eux-mêmes dans aucun parti, ils durent se contenter d'une attitude contemplative. Ils dominaient les points de vue, ils méprisaient avec indulgence les illusions et les combats des pauvres hommes. Leur culture, leur curiosité, les livres qu'ils avaient lus, les faits qu'ils avaient médités et compris, tout cela, sans décider suffisamment leur intelligence, tout cela leur avait affiné le goût et le jugement. Un Renan méprisait plus que tout l'anticléricalisme des politiciens, il haïssait toute grossièreté, et, incapable de commettre certaines erreurs sur le détail des faits, il détestait la barbarie démocratique, il se plaisait à dénoncer dans nombre de cas les ravages de la Révolution. Il aurait cru déchoir de sa dignité de philosophe en passant de cette critique sereine à une affirmation tranchée qui permît de le classer dans un parti quelconque — en lui ôtant le bénéfice d'être réputé et de se sentir lui-même celui qui comprend tout. L'action, eût-il volontiers répété après les vieux Alexandrins, l'action est une déchéance de la pensée. Un esprit clairvoyant peut bien découvrir et montrer certaines conséquences de fait : mais conclure dogmatiquement en matière de principes, affirmer, exclure, choisir, ce minimum d'action ne relève déjà que de l'arbitraire, et tout arbitraire disqualifie un philosophe. A quoi bon relever ce qui put entrer d'égoïsme dans l'attitude d'un Renan vieilli ? Ce mépris de l'action est le lieu commun qui a rallié pour des motifs divers les lettrés de la fin du XIXe siècle, et le motif le plus constant, celui même qui entretient l'égoïsme, c'est ce nihilisme intellectuel qui devait suivre et qui a suivi ce que nous appelions la dissolution de l'individu.

*
* *

La sereine contemplation d'un Ernest Renan ne peut cependant satisfaire qu'une âme très nonchalante, et les plaisirs de l'intelligence pure ennuient vite un homme né pour sentir les passions. C'est la plus creuse des vanités que de se juger supérieur à toute illusion, et ce beau détachement, qui peut flatter d'abord, paraît à l'usage bien morne; toute sensibilité active le trouve assez vite insupportable, elle est de plus en plus dominée par un avide appétit de savoir où se prendre. Ce n'est pas la crise du doute religieux ou métaphysique, c'est ce que les renaniens pourraient appeler avec leur sourire une rechute aiguë de « l'horrible maladie de la certitude ». Cet appétit est si fort que, chez certaines imaginations, il parvient à créer lui-même son aliment, en ressuscitant, par un curieux effet de la volonté, telles ou telles croyances autrefois dissoutes. Est-ce là le seul salut que doive espérer l'incrédule assez clairvoyant pour distinguer qu'il ne peut agir, s'il se morfond dans l'inertie, s'il est passionnément désireux d'en sortir?

Cet état d'esprit, qu'il importe de bien connaître puisque c'est le seul qui puisse ramener à l'activité les contemporains les plus éclairés, c'est chez Frédéric Nietzsche qu'on en trouverait l'expression la plus nette et d'ailleurs la plus éloquente. Cet Allemand sans mesure, ce protestant frénétique est aussi un psychologue extrêmement lucide, et son intelligence, aiguillonnée par une furieuse passion de sincérité vis-à-vis de soi-même, fut bientôt arrivée aux dernières limites du nihilisme dont nous parlions. Ayant successivement rejeté comme autant d'illusions tous les préjugés, toutes les croyances, tous les principes, ayant touché le néant pur, ayant refait après Schopenhauer la théorie du renoncement ascétique, Nietzsche a senti un impérieux besoin de réagir contre l'extrême dépression morale et même physique qui suit si souvent la dissolution intellectuelle des principes de l'activité. Il réagit en effet, il affirma simultanément avec un enthousiasme sauvage l'égale vanité de tous les principes devant la raison pure, et la nécessité de se soumettre à des principes si l'on veut agir. M. Jules de Gaultier, son pénétrant commentateur, a bien mis en forme l'opposition radicale de ce qu'il appelle l'instinct vital et l'instinct de connaissance, le premier suscitant indéfiniment des illusions bienfaisantes que le second détruit au fur et à mesure, d'où il suit que l'analyste qui veut agir doit accepter les lois de la réalité, ne point chercher une vérité chimérique, n'admettre, selon la paradoxale formule, que le « non-vrai » pour principe d'action.

De ce point de vue les morales et les religions n'apparaissent que comme des disciplines plus ou moins efficaces, plus ou moins propres à former des individus énergiques. C'est donc là désormais, pour Nietzsche, le but unique de toute culture et le seul critérium qui permette de la juger. Il ne s'agit donc plus pour lui de dégager des superstitions ou des préjugés les consciences individuelles : il sait par expérience personnelle qu'une conscience entièrement dégagée est incapable d'énergie, ou, comme il dit, de « volonté de puissance », et la volonté de puissance est pour lui l'essentiel. Il ne s'agit pas davantage de favoriser une certaine civilisation qui serait jugée belle en elle-même, ou la prospérité d'une certaine nation, qui serait préférée aux autres. Il s'agit de fortifier les individus par une contrainte systématique; il faut les exercer à réprimer les instincts, les entraîner par des efforts de plus en plus pénibles : c'est la condition de tout art comme de toute activité, et c'est pourquoi Nietzsche se déclare l'ennemi passionné des romantiques, des libéraux et des démocrates. Malgré la finesse de certains jugements de détail, il a peut-être moins apprécié les chefs-d'œuvre classiques en eux-mêmes, pour leur *réussite* et leur beauté propre, que parce qu'ils supposaient une longue soumission à des règles rigoureuses : une condition que la nature des choses a mise à la perfection artistique des œuvres a été vantée surtout comme la condition d'un perfectionnement moral pour les ouvriers.

La réaction théorique n'est donc que trop complète contre le scepticisme si nonchalant, mais si séduisant et si policé d'un Renan. L'éloquence et le lyrisme tumultueux de ce Nietzsche le recommandent sans doute à ces curieux si raffinés qu'ils negoûtent plus que la brutalité; et par là peuvent être utilement servies les tendances « réactionnaires » qui se font jour de tant de façons, et dont le concours emportera bien à la fin les absurdités qui nous perdent. Mais il importe de considérer comment Frédéric Nietzsche applique lui-même sa théorie. Il a reconnu, en l'exagérant jusqu'à la rendre inhumaine, mais il a reconnu cette double vérité qu'une discipline est nécessaire à l'individu, et que le bien fondé de nulle discipline ne peut apparaître comme une vérité évidente à qui se contente d'analyser jusqu'au bout l'ensemble de ses opinions. Ce n'est pas tout que de reconnaître la nécessité d'une discipline : quelle discipline, quel ensemble de règles de vie, quelle morale, quelle religion plus ou moins avouée pourra être adoptée par ce Nietzsche que nous avons vu dégagé dès l'origine de toute croyance particulière? « Il faut que le meilleur règne », dit quelque part son Zarathoustra : mais à quels signes reconnaît-il le meilleur?

A l'efficacité uniquement. La valeur des morales et des religions, c'est d'avoir réussi à former des individus énergiques, cela en leur faisant prendre pour *vrais* des préceptes qui n'étaient que nécessaires à la vie. C'est une des vues les plus importantes sur lesquelles s'accordent les moralistes, que la connaissance des intérêts même personnels ne suffit presque jamais à déterminer l'individu, qui agit ordinairement ou par devoir ou par plaisir. Les préceptes les plus nécessaires selon l'expérience ont peu d'efficacité s'ils ne s'imposent à la conscience sous forme de convictions absolues. Or, si absurde en elle-même que Nietzsche juge la critique révolutionnaire, elle n'en a pas moins ruiné définitivement à ses yeux toutes les convictions d'autrefois. Quelques services qu'elles aient pu rendre dans le passé, elles paraissent désormais illusoires, et leur règne est donc terminé. Il ne faut compter que sur l'instinct vital pour susciter des illusions nouvelles, qui puissent à leur tour convaincre et diriger les individus de l'avenir. Et, en attendant, au nom de cet ordre inconnu qui ne pourra manquer de s'établir au cours des siècles prochains, il convient au philosophe d'accélérer la ruine d'une civilisation devenue impuissante, de hâter le moment où la place sera nette pour que naisse et se développe la civilisation nouvelle : il déchaînera donc contre les médiocres et chancelantes autorités d'aujourd'hui « toutes les forces qui désorganisent, l'individualisme à outrance, l'esprit égalitaire, la passion de la liberté poussée au point où elle exclut la possibilité d'une discipline, pardessus tout, cet esprit d'analyse qui ruine les mensonges sacrés et détruit la présomption de vérité dont se fortifie toute autorité de fait ». Et voici finalement la profession de foi de Zarathoustra : « Tout ce qui est d'aujourd'hui tombe et se décompose : qui donc voudrait le retenir? Moi, moi, moi, je veux encore le pousser. »

*
* *

Cela paraît d'abord une conclusion paradoxale pour un théoricien de la discipline que de s'acharner provisoirement à détruire toute discipline. Il faut cependant prendre garde que nulle autre conclusion ne serait légitime du point de vue où se tient Nietzsche. C'est à la fois un Allemand qui reconnaît en toute occasion la supériorité de la culture française — mais qui demeure par la force des choses profondément étranger à cette culture, et qui est trop intelligent pour ne point s'en rendre compte — et c'est aussi un protestant malgré tout, un dévot impénitent de la conscience individuelle, de *sa* conscience à lui : la discipline qu'il cherche, c'est une discipline qui vaille pour lui, qui s'impose à lui, Nietzsche, l'Allemand incrédule du XIXe siècle. Il ne peut la trouver, mais il n'en admet aucune autre, et c'est donc bien réellement pour lui « à un Dieu inconnu » qu'il élève ses autels. Attente profondément chimérique, car quel Dieu pourrait satisfaire aux objections nietzschéennes? Et s'il s'agit de la masse des hommes, en quoi une discipline nouvelle serait-elle plus capable de les soumettre que nos disciplines classiques, si celles-ci retrouvaient contre les ennemis qui les affaiblissent l'appui raisonné de toute intelligence lucide et civilisée? L'évolution... mais nous parlerons une autre fois de la grande Nuée du XIXe siècle.

Les raisonnements que nous tenons ici ne trouveraient aucun écho dans la sensibilité de l'anarchiste allemand, et c'est pourquoi son intelligence n'a pu le conduire qu'à reconnaître l'utilité d'une discipline, sans qu'il puisse donner son adhésion à aucune discipline contemporaine, fût-ce à cette discipline classique, française et grecque, qu'il admire justement au delà de toute autre. Un Français, aussi clairvoyant que Nietzsche, mais bénéficiaire en dépit de toutes les analyses intellectuelles, de cette haute culture, héritier de la meilleure tradition de l'esprit humain, devait aboutir à des vues autrement fécondes : et pour réagir contre l'universelle dissolution prétendue rationaliste, Maurice Barrès a créé le nationalisme français. Je l'ai déjà rappelé, Barrès n'a dû, pour échapper à l'erreur des rationalistes, que regarder plus attentivement en lui-même. Ne trouvant point de certitudes absolues, pas plus que Nietzsche, pas plus que Renan, il s'est contenté d'affirmer les préférences qui lui semblaient essentielles. Ce n'étaient point, il le découvrit, des caprices sans profondeur survenus par hasard dans sa conscience d'individu né de quelques années et devant mourir après quelques autres. Il ne se plut qu'à s'imaginer que comme un instant d'une chose immortelle, et, à défaut de toute vérité démontrable, c'est cette chose seule qui désormais lui parut l'important. Il résolut de s'y soumettre, comme au seul principe qui fût digne, et aussi bien qui fût capable, de diriger son activité.

Suivant l'idée dominante de Maurice Barrès, un Français à la fin du XIXe siècle n'est pas une raison pure, simple chimère de l'esprit, c'est l'héritier et le représentant d'une longue série de façons de sentir, il n'en peut découvrir de meilleures, il ne peut que les affirmer. Ce sont des partis pris qui ne relèvent point du contrôle de la raison, mais ce ne sont des partis pris que la nature des choses a déposés en nous, et que, si nous voulons vivre, nous devons accepter. Nous mettrons donc nos *pas dans les pas* des aïeux, nous éclaircirons les doutes qui se présenteraient par la connaissance approfondie de notre *terre* et de nos *morts;* à la vaine recherche des vérités universelles auxquelles voudraient atteindre les Kantiens, nous opposerons notre vérité propre, nous accepterons la tradition qui en fait nous détermine. Telle est bien, en résumé, la thèse du *Roman de l'Energie nationale*, des *Scènes et Doctrines du Nationalisme* et de vingt essais épars où Barrès est revenu sur sa position philosophique. Après avoir autant et plus que ses aînés enrichi sa personnalité de tout ce qu'elle pouvait assimiler de ces façons de voir étrangères qui sollicitent la curiosité, après avoir étendu de la sorte le champ de son intelligence, Barrès a jugé que l'important est encore de se *cultiver en profondeur*, à moins qu'on ne se résigne à considérer éternellement l'univers et la vie « sous un angle d'où trois cents millions d'Asiatiques ont conclu au Nirvâna, la Russie au nihilisme et l'Allemagne au pessimisme scientifique ». « Et se cultiver en profondeur », c'est, selon Barrès, retrouver et développer en soi, pour les maintenir à l'encontre de toute tendance opposée, les préférences sentimentales que nous avons reçues de notre race, et que nous enseignerait à éliminer, comme trop étroites et relatives, l'idéologie universitaire qui nous *déracine*, qui *dissocie* et *décérèbre* notre nation.

Ainsi la réaction nationaliste suppose un fait, c'est que nous trouvons au fond de notre conscience des façons de sentir auxquelles nous tenons plus qu'aux autres, et qui nous viennent de notre tradition nationale. Ces façons de sentir n'existaient point dans la conscience de Nietzsche, et ce psychologue pénétrant, et cette âme passionnée d'action ne pouvait donc affirmer comme sienne la culture française qu'il avait beau admirer : c'est pourquoi, ayant compris la nécessité d'une discipline et les maux qu'entraîne pour l'individu l'anarchie, Nietzsche dut cependant demeurer provisoirement le plus résolu des anarchistes et combattre des traditions qu'il jugeait périmées puisqu'il ne pouvait s'y commettre. Barrès, au contraire, magnifique sensibilité française, à qui ne manque ni l'esprit ni la passion, ni aucune peut-être de nos tendances nationales, tendances si diverses et parfois si contradictoires, Barrès a pu et il a dû se rallier à une tradition qui était pour lui, non seulement comme pour Nietzsche, la meilleure de toutes, mais encore la sienne. Et voilà, me semble-t-il, ce qui fait l'importance de son nationalisme : c'est le seul itinéraire qui puisse ramener à l'action les plus libres des intelligences, l'action dont il s'agit étant une action dirigée dans le sens et non, comme celle des rationalistes protestants, à l'opposé de nos traditions nationales.

*
* *

Est-ce à dire pourtant que cette volonté de maintenir nos traditions nationales puisse suffire pour nous indiquer une orientation définie? Il faudrait pour cela que ces traditions ne fussent pas aussi complexes, et parfois, répétons-le, aussi contradictoires que nos traditions françaises. Il y a bien de la justesse dans l'objection que présentent aux partisans de « la tradition » sans épithètes, ou même de « la tradition nationale » les partisans de la Révolution. « Idées suisses », « idées anglaises », c'est bien sans doute l'origine d'une bonne part des idées révolutionnaires. Mais elles n'en ont pas moins été acceptées, comme précédemment telles idées italiennes ou espagnoles, comme anciennement telles idées latines ou grecques, par des intelligences françaises où elles ont acquis une espèce de naturalisation. Il y a en fait une tradition révolutionnaire, et c'est la plus récente de toutes, et celle aussi qui détermine les convictions les plus énergiques, et elle n'a cessé au cours du XIXe siècle de gagner du terrain sur les traditions plus anciennes. Comment décider que cette tradition-là, qui est celle que nous avons reçue, la tradition qu'on peut appeler rationaliste, n'est pas la vraie tradition française, celle qui nous détermine et que nous devons accepter et maintenir contre tout raisonnement? Et que répondre à ceux qui se déclarent — comme ce substitut qui requérait contre nos vaillants amis de Versailles — des « fils de la Révolution » ? Que leur tradition est ennemie de la nôtre, que nous n'en voulons pas parce qu'elle nous déplaît ? Qu'il y a, comme on dit trop souvent, « deux Frances », et que c'est nous qui représentons la vraie?

Il n'y a évidemment pour un patriote français, et à plus forte raison pour un nationaliste français, qui n'est qu'un patriote conscient, il ne peut y avoir qu'une France, et de cette France fait partie la Révolution française. Mais les royalistes surtout se doivent de garder dans leur mémoire la généreuse parole de Monseigneur le duc d'Orléans : « Tout ce qui est national est nôtre. » Non seulement d'intention, mais de fait, le grand nombre des révolutionnaires a représenté et représente quelque chose de vraiment national, et que nous n'avons ni le moyen, ni le droit, ni le désir de retrancher de notre tradition, qui est ce qu'elle est, et que nous nous efforcerons de maintenir dans toute sa réalité le plus longtemps qu'il sera possible.

La tradition française a toujours enveloppé des éléments aussi divers que la force sans doute d'un Bossuet, le bon sens d'un Molière ou la méthode d'un Descartes, mais que la liberté d'un Rabelais, l'inquiétude d'un Pascal, la passion d'un Racine ou la légèreté d'un Voltaire; elle peut retenir d'un Michelet ce qu'il a pour la classe populaire de réelle et d'active fraternité. De tout cela, qui compose à nos yeux cette réalité nationale qui nous est précieuse entre toutes, nous ne voudrions rien exclure. Et nous aurions peine à trouver dans nos sympathies personnelles des motifs suffisants pour autoriser un choix quelconque entre tant d'éléments si divers. Quelques préférences d'ailleurs que nous puissions sentir pour les plus anciens ou les plus nouveaux de ces éléments, de quel droit les imposer ou seulement les recommander à d'autres Français, si ces autres Français peuvent se déclarer au même titre que nous les représentants de la tradition nationale? Quoi qu'ils fassent ou pensent, des Français ne sauraient manquer de subir un déterminisme qu'il faut bien appeler français. Est-ce bien celui que Barrès veut que nous acceptions? La seule attitude qui méritât le nom de *nationaliste* serait donc celle de ce Déroulède qui ne craint pas de convier au plébiscite la totalité des Français d'aujourd'hui.

Pourquoi donc cette attitude n'est-elle pas la nôtre, et pourquoi nous paraît-elle à nous la plus détestable qui soit? C'est que plus que toute autre elle nous paraît compromettre l'existence même de ce que nous venons d'indiquer sous le nom de tradition nationale. En appeler, comme le veut Barrès, des mortelles illusions de beaucoup de nos concitoyens à des sentiments plus profonds, c'est supposer bien gratuitement que le tempérament de tout individu est au fond identique à ce complexe et harmonieux tempérament national que nous voudrions par-dessus tout maintenir.

Ce qu'on peut nommer tempérament français est une combinaison privilégiée, comparable seulement à l'hellénisme, d'éléments sentimentaux aussi divers, nous venons de le voir, que les éléments géographiques dont l'union constitue le territoire français. Livrés chacun à soi, affranchis du contrepoids de tous les autres, ces éléments tendraient à ruiner toute civilisation. Associés dans des proportions moins heureuses, nous les voyons donner ailleurs des civilisations moins parfaites. En proscrire un seul au nom des autres, ce serait affaiblir les titres qui font de notre tradition la meilleure dépositaire de toute la culture humaine. Mais quelle intelligence serait assez fine pour définir avec exactitude l'essence incomparable de ce composé français, — et quel individu assez maître de soi pour y conformer toute sa sensibilité?

Certes, nous ne souhaiterions rien changer aux façons de sentir d'un Barrès, mais pour nous confier à sa méthode il nous faudrait admettre que les traditions françaises fussent au même degré présentes dans l'intime conscience de tous nos concitoyens : encore hésiterait-on à désirer pour eux, malgré ce qui s'en dégage de poésie, certain amour de se détruire, certaine intensité de mélancolie. Ce que nous voulons en politique étant de maintenir la réalité nationale, il y aurait plus que de l'imprudence à nous confier sans examen aux sentiments mêmes du plus clairvoyant des patriotes, et à plus forte raison du commun de nos concitoyens. L'héritage sentimental que tient chacun de nous de notre tradition ne favorise pas nécessairement le maintien de cette tradition : nous ne l'accepterons sans inventaire, nous demandons à distinguer, entre les sentiments qu'on nous légua, ceux qui conservent de ceux qui détruisent.

Ainsi, nous ne croyons pas plus à l'infaillibilité de la tradition nationale qu'à l'infaillibilité de l'individu. Le tempérament français ne dépend point de nos définitions arbitraires, mais il comprend certaines tendances qui, si on les laisse prévaloir, vont supprimer toute réalité française. Nous n'abandonnerons point à la force des choses le soin d'éviter ou de retarder cette extrémité que nous redoutons. Nous efforçant de maintenir ou de restaurer une tradition *viable*, nous ne consulterons point nos convenances personnelles ni les convenances de nos pères, mais nous chercherons dans l'histoire de ces derniers les conditions qui favorisèrent la naissance et le développement de la tradition nationale.

Si quelques-uns des Français d'aujourd'hui se trouvent avoir surtout reçu de cette tradition des ferments d'anarchie et de destruction, et si peut-être il serait malaisé de les éliminer de leur propre sensibilité, du moins peuvent-ils consulter l'expérience et en publier les leçons. Ainsi, au lieu d' « ériger en lois générales des convenances particulières », comme le faisaient, selon la féconde observation de Comte, George Sand et les révolutionnaires, un nationaliste français devra chercher quelles institutions ou quels sentiments favorisent l'intérêt général des Français présents et futurs. Ce sont ces institutions qu'il voudra servir, ce sont ces sentiments qu'il s'emploiera de son mieux à faire prévaloir, en profitant de l'expérience des générations antérieures, ce n'est donc point à une *tradition* qu'il se soumettra pour elle-même. La tradition française a d'ailleurs toujours comporté une extrême activité de la raison, mais c'est la raison qui demeure seule juge de la meilleure tradition française, la meilleure étant la plus apte à maintenir toute la réalité française. Nous avons déjà vu comment l'erreur jacobine a consisté à mettre sous le nom de la raison des opinions qui n'avaient rien de raisonné ni de raisonnable. Nous verrons bientôt comment, sans mériter aucune accusation de « jacobinisme de droite », on peut et doit faire intervenir la raison pour interpréter la nature et diriger notre activité.

LUCIEN MOREAU.

LAVOISIER ET LA RÉPUBLIQUE

« ... Cet amas de brouillons corrupteurs par qui il vaut mieux être pendu que regardé comme ami. » (ANDRÉ CHÉNIER. *Journal de la Société de* 1789.)

Au mois de janvier 1791, *l'Ami du Peuple* répandait cette invective de l'ignoble Marat :

« Je vous dénonce le coryphée des charlatans, le sieur Lavoisier, fils d'un grippe-sou, apprenti-chimiste, élève de l'agioteur genevois, fermier général, régisseur des Poudres et Salpêtres, administrateur de la Caisse d'Escompte, secrétaire du roi, membre de l'Académie des Sciences, intime de Vauvilliers, le plus grand intrigant du siècle et l'administrateur infidèle des subsistances. Croiriez-vous que ce petit monsieur qui jouit de cent cinquante mille livres de rente et qui n'a d'autre titre à la reconnaissance publique que d'avoir transporté les poudres de l'Arsenal à la Bastille, dans la nuit du 12 au 13 juillet, cabala comme un démon pour être élu administrateur du département de Paris. Pour capter les suffrages, il donna des repas splendides où assistèrent nombre de députés à l'Assemblée, tels que Dupont, de la Roche, Bailly et Malouet. J'espère que ce sera en pure perte. Plût à Dieu que ce suppôt de la maltôte eût été lanterné au 6 août ! Les citoyens du district de la Culture n'auraient pas à rougir de l'avoir nommé une fois. »

De toutes les qualités énumérées dans cette inepte diatribe, nulle plus que celle de « fermier général » n'était propre à provoquer les fureurs égalitaires. Quarante financiers portaient ce titre et formaient une Compagnie. Outre qu'ils avaient une renommée de talent, ce qui déjà contrariait assez les exigences démocratiques, on avait quelques raisons de supposer qu'ils demeuraient attachés à l'ancien ordre de choses.

Lavoisier, le plus éminent, devait sa haute situation non pas à la brigue, mais à l'importance de ses travaux qui, dès 1763, lui ouvraient, à l'âge de vingt ans, l'Académie des Sciences. Turgot lui confiait, en 1776, la direction des Poudres et Salpêtres et fréquemment avait recours à ses lumières à propos de diverses questions administratives comme celle des Octrois.

Préparé par son éducation et ses études à démêler les problèmes économiques, Lavoisier, comme député, comme membre de la Commission de la Trésorerie Nationale, rendit les plus grands services à l'Assemblée Constituante (1).

Mais le temps vint où le despotisme de la niaiserie brutale paralysa tous les efforts de l'intelligence. Le déclin rapide de la Monarchie, après l'échec de Varennes, avait fort attristé le savant. L'émeute du 20 juin ne lui laissa plus de doute sur l'issue prochaine du duel entre la Conjuration et le Souverain débonnaire. Après la catastrophe du 10 Août, il se confina dans ses expériences de laboratoire.

La terreur et les menaces de la délation nuisaient à la tranquillité de ses recherches. Le lundi 26 février 1793, le Conventionnel Carra proposa d'établir une Commission de justice chargée d'examiner la gestion de « ces vils financiers mollement endormis sur des coffres d'or et d'im-

(1) On n'ignore pas que ses avis furent prépondérants dans la discussion sur l'établissement du système métrique.

menses portefeuilles d'assignats... ces stupides sangsues à qui il faut faire dégorger tout le sang qu'elles ont sucé sur le corps du peuple. » Le républicain réclamait la confiscation de leurs biens, en attendant leur exécution capitale.

Cambon dont le génie, on ne l'a pas assez répété, consista presque uniquement dans l'art du pillage cynique et des gigantesques razzias, convainquit sans peine la majorité que les mesures les plus énergiques étaient nécessitées par l'état lamentable du budget et qu'on aurait de l'argent à souhait par l'intercession de Notre-Dame la Guillotine. C'était ce que Barère appelait « battre monnaie sur la place de la Révolution ».

Deux gredins, Gaudot et Dupin, activèrent la besogne. Le premier était un ci-devant receveur des droits d'entrée de Paris au port Saint-Paul, destitué pour un détournement de trois cent mille livres. Grâce à l'appui de quelques sommités sans-culottes, il s'était fait autoriser à fouiller les bureaux des Fermes, ce qui lui avait permis d'anéantir tous les papiers capables de le compromettre et de saisir tous ceux qu'il pouvait utiliser pour desservir ses anciens maîtres (1).

Le représentant Dupin fut son porte-voix. Il avait été, lui aussi, employé aux Fermes : trouvant des avantages à trahir ses protecteurs, il s'était jeté dans les excès du Jacobinisme et se distinguait autant par la frénésie de sa persécution que par l'excentricité de ses passions et de son luxe.

Pendant de longs mois, Dupin élabora le réquisitoire.

(1) André Joubert. *Les Fermiers généraux sous la Terreur.*

Un soir, Lavoisier méditait paisiblement, lorsque, dans la rue, des vendeurs de quotidiens clamèrent tout à coup le décret de l'arrestation. Il courut, bouleversé, chez des amis qui lui conseillèrent de ne pas rentrer chez lui. Un huissier de l'Académie des Sciences le supplia d'accepter une cachette dans l'immeuble même.

Il s'y dissimulait depuis quelques jours et pouvait espérer, grâce au dévouement de l'humble fonctionnaire, qu'il échapperait aux investigations des agents des Comités. La nouvelle malheureusement lui arriva que son beau-père venait d'être emprisonné. C'en fut assez pour le décider à se livrer lui-même.

Il alla rejoindre ses collègues à la maison de Port-Royal. Mais, sur son avis, ils sollicitèrent par une pétition collective leur transfert à l'Hôtel des Fermes, afin qu'il leur fût possible de s'aider des documents pour rendre leurs comptes.

Une partie de ces bâtiments avait été transformée en cachots : on put donc faire droit à leur requête. Ils vécurent là plusieurs semaines d'une existence atroce. De leurs cellules ils entendaient les hurlements impitoyables de la plèbe au passage de « la bière des vivants » ou bien le glapissement des voyous criant « la liste complète des aristocrates qui cracheront dans le son ».

Le 15 floréal, quand leur fut annoncé pour le lendemain l'exposé du rapport de Dupin, deux ou trois perdirent tout sang-froid. Lavoisier, à qui l'un d'eux offrit de partager le poison, lui répondit avec mélancolie (1) :

(1) Comte Mollien. *Mémoires*. Mollien put se féliciter d'avoir écouté l'exhortation de son compagnon. Il eut, quant à lui, la chance de s'en tirer sain et sauf.

« Je ne tiens pas plus que vous à la vie et j'en ai fait le sacrifice. Mais pourquoi aller au-devant de la mort? Serait-ce parce qu'il est honteux de la recevoir par l'ordre d'un autre et surtout par un ordre injuste? Ici l'excès même de l'indignation efface la honte. Nous pouvons tous envisager avec confiance notre vie passée et le jugement qu'on en portera. Nos juges ne sont ni dans le tribunal devant lequel nous allons comparaître ni dans la populace qui nous insultera. C'est comme une peste qui ravage la France. Elle frappe au moins ses victimes d'un seul coup; mais il n'est pas impossible qu'elle s'arrête devant quelques-uns de nous. Nous donner la mort serait absoudre les forcenés qui nous y envoient. Pensons à ceux qui nous ont précédés, ne laissons pas un moins bon exemple à ceux qui nous suivent. »

Le grief sur lequel insistait le plus le rapporteur, n'était pas le moins burlesque. Les Fermiers Généraux étaient accusés « d'avoir commis d'horribles exactions sur les tabacs du peuple, lesquelles consistent dans des mesures immorales prises par eux, particulièrement des mélanges pernicieux de corps hétérogènes tels que l'eau ».

Voyant très bien dans la rapacité la cause véritable de tant d'acharnement, ils avaient essayé, leurs réfutations demeurant vaines, de se sauver en donnant deux millions de leurs biens (1). La République voulait tout; mais elle comptait réussir plus sûrement à susciter l'indispensable colère de la multitude, en lui persuadant que ces royalistes avaient fait une tentative contre le salut commun. De là la véhémence ridicule avec laquelle Dupin

(1) Wallon. *Histoire du Tribunal Révolutionnaire*, t. III, p. 400.

revenait à la charge, reprochant à la respectable Compagnie « d'avoir exercé sur le peuple une concussion répréhensible en introduisant dans le tabac, après sa préparation, de l'eau dans la proportion d'un septième et en lui faisant payer cette eau au prix du tabac, concussion aussi dangereuse pour la santé du consommateur que nuisible à ses intérêts » (*sic*).

Le 18 floréal, Lavoisier, après deux jours de réclusion à la Conciergerie, fut amené devant le Tribunal Révolutionnaire. L'interrogatoire fut identique pour les vingt-huit prévenus. On lui demanda si, comme fermier général, il ne s'était pas rendu « coupable de dilapidations des finances, d'exactions infâmes et de fraudes envers le peuple ». Le grand homme regardait avec une philosophique résignation la brute redoutable qui le questionnait; il s'abaissa jusqu'à se défendre avec modestie. « Chaque fois, déclara-t-il, que j'ai connu quelque abus, j'en ai informé le ministère des Finances, notamment en ce qui concernait le tabac. Je suis en état de le prouver par pièces authentiques. »

Ils furent reconduits à la geôle, l'affaire ne devant être examinée que le lendemain. Ces nobles serviteurs de la Monarchie, dont la nature n'avait été faussée ni par le sophisme ni par l'habitude de la déclamation et des attitudes théâtrales, ne répétèrent pas la tragi-comédie girondine. Ils furent simplement malheureux et ne chantèrent pas. Quelques-uns priaient selon le vieux rite des aïeux. Lavoisier fut un instant dérangé dans ses funèbres réflexions. C'était le guichetier qui introduisait une députation des membres du Lycée. Les bons citoyens, bravant le péril, venaient faire leurs adieux au maître. L'un d'eux avait dans les mains une couronne de lauriers qu'il lui mit sur le front, tandis que les autres s'agenouillaient. Lavoisier voulut les remercier, leur donner brièvement quelques indications; mais son émotion l'en empêcha. Il les embrassa tous; ils se retirèrent.

Le 19, Coffinhal présidait, ayant pour assesseurs Foucault et Denizot; Fouquier-Tinville, secondé par Lieudon, se chargeait de l'accusation. Douze chenapans triés par les Comités composaient le jury (1). Une cohue de braillards déguenillés remplissaient les bancs et les tribunes. Ils exprimèrent violemment leur jubilation quand Fouquier-Tinville eut conclu à la culpabilité.

Quelques doctes amis de Lavoisier se présentèrent pour plaider au nom de la Science. Ils parlèrent de ses travaux, de l'étendue de ses connaissances; on devait le conserver, l'utilité générale commandait qu'il fût épargné.

Discours oiseux, La République se souciait bien de Science! N'était-ce pas un Montagnard et le plus élégant, Barère, qui disait dans l'intimité (2): « Nous brûlerons toutes les Bibliothèques. Oui,

(1) L'aréopage se retrouva presque identique pour la condamnation d'André Chénier. On peut se représenter la valeur intellectuelle et morale des jurés jacobins d'après cette lettre de l'un d'eux, Trinchard, que nous cite Dauban (*Paris en* 1794) :

« Je taprans, mon frerre que jé été un des jurés qui ont jugé la bête féroche qui a dévoré une grende partiie de la république, celle que lon califiait sideven de raine et je taprans que nous sommes aprés a jugé la clique brissotine, il sont 21; je taprans que je demenage je reste dans la rue de la Monaie. Tu voudra bien me faire savoir comme est lesprit public dans ta garnisont, pour isi nous avons mis au pas les modérés et enfermé les aristocrates.
TRINCHARD.

(2) VILATE. *Mémoires*.

il ne sera question que de l'histoire de la Révolution et des Lois. » N'était-ce pas un autre Montagnard, Legendre, qui s'écriait : « J'éventrerais avec plaisir un noble, un riche, un homme d'Etat, un homme de Lettres ; j'en mangerais le cœur (1). » Fourcroy ne devait-il pas, au club des Jacobins, s'excuser de son érudition et de ses loisirs consacrés à la chimie ? Il alléguait sa pauvreté, la nécessité de vivre de son métier : il nourrissait le sans-culotte son père et les sans-culottes ses sœurs (2).

Lorsque le président eut prononcé la sentence et, laissant un temps aux trépignements, aux vociférations des assistants, demandé les observations que les condamnés avaient à faire sur la peine, Lavoisier manifesta le désir qu'on lui donnât la possibilité d'achever des expériences. « Elles sont, assura-t-il, nécessaires à un travail important dont je m'occupe depuis plusieurs années et qui intéresse le bonheur de l'humanité. Je ne regretterai point alors la vie. J'en ferai le sacrifice à ma patrie. »

Coffinhal en face du génie représentait toute la Vertu et toute l'Intelligence démocratiques. « La République, objecta-t-il avec sérénité, n'a pas besoin de savants ni de chimistes : le cours de la justice ne peut être interrompu. »

L'après-midi du même jour, ils étaient rassemblés dans la cour de la Conciergerie, les mains liées derrière le dos. Ils s'assirent tour à tour sur l'escabeau pour la préparation du supplice, pour la coupe des cheveux et de la chemise. On fit l'appel. Il y avait parmi eux Clément Delaage (70 ans),

(1) Senart. *Révélations.*
(2) Taine. *Origines*, t. VIII.

Jacques Paulze (71 ans), Alexandre-Victor Saint-Amand (74 ans), Georges-Gilbert Montcloux (68 ans), Nicolas Jacques Papillon d'Auteroche (64 ans), Jean-Germain Maubert-Neuilly (64 ans), Jacques-Joseph Brac-Laperrière (68 ans), Claude-Franck Rougeot (75 ans), d'autres sexagénaires encore (1).

Quand la toilette fut terminée, que les officiers municipaux eurent assez bu, les charrettes s'ébranlèrent. Dehors, la foule s'amassait prodigieuse sur tout le parcours. Ces coquins de financiers excitaient autant de haine que de curiosité. Les furies soudoyées gagnaient, plus zélées qu'à l'ordinaire, le salaire de leurs odieuses imprécations.

On fut au lieu de l'exécution. Le bourreau ce jour-là besogna bien. Les vingt-huit têtes tombèrent en moins de trois quarts d'heure.

ROBERT LAUNAY.

L'ANNIVERSAIRE DE LAVOISIER

Mardi, 8 mai, jour anniversaire de l'exécution de Lavoisier, condamné à mort par le Tribunal révolutionnaire, une magnifique couronne de fleurs naturelles a été, comme l'an dernier, déposée, par les soins de l'*Action française*, au pied du monument de l'illustre chimiste, place de la Madeleine.

(1) Sur la feuille de Lavoisier, on lisait : « Antoine-Laurent Lavoisier, ci-devant noble, membre de la ci-devant Académie des Sciences, régisseur des Poudres et Salpêtres, député suppléant à l'Assemblée Constituante. » Le bulletin de son exécution est aux Archives (W. 527, n° 2673).

Sur un cartouche figurait l'inscription suivante :

.«... Lorsque le président du Tribunal Révolu-
« tionnaire eut prononcé la condamnation à mort,
« Lavoisier, témoignant d'une sublime fidélité à la
« Science, manifesta le désir d'achever des expé-
« riences. Elles sont, assura-t-il, nécessaires à un
« travail important dont je m'occupe depuis plu-
« sieurs années ; je ne regretterai point alors la
« vie, j'en ferai le sacrifice à ma patrie ».

« Le juge Coffinhal répondit :

« La République n'a pas besoin de savants ni de
« chimistes ; le cours de la Justice ne peut être
« interrompu. »

L'*Action française*, en commémorant, chaque année la mort de Lavoisier, entend rendre hommage à la mémoire d'un grand savant qui, patriote inflexible, n'accorda rien au fanatisme ignoble des apôtres d'une Révolution profondément antifrançaise, de ces fous qui l'eussent épargné, peut-être, s'il eût consenti à couvrir des grands noms de la Science et de la Raison, qu'il avait, lui, le droit de prononcer, leurs rêveries aussi creuses que destructives.

*
* *

D'ailleurs l'état d'esprit des démocrates n'a pas changé depuis Coffinhal. Nous trouvons dans la *Revue socialiste* de mars 1906 sous la signature de M. E. de Morsier, ces lignes qui conviennent à l'anniversaire de Lavoisier. C'est à propos d'Hippolyte Taine :

« La peur du socialisme ! Assurément Taine
« ne l'a pas eue lui seul, de son temps et dans son
« milieu. Les autres grands bourgeois intellec-

« tuels d'alors l'ont partagé avec lui. Mais que « justement, ce puissant cerveau ait eu cette « faiblesse sans savoir s'en défendre; qu'au « contraire il se soit enfoncé toujours plus dans « cette crainte puérile, et disons le mot, un peu « basse, voilà ce qui est imaginable. Et voilà « pourtant ce qu'on est obligé de constater, ce « qu'il serait puéril de vouloir cacher et ce qu'on « ne doit pas taire, quelque respect qu'on ait pour « cette grande mémoire. AU CONTRAIRE, CE SERA UN « AVERTISSEMENT ET UN PRENEZ-GARDE! POUR BIEN DES « JEUNES ENTHOUSIASTES QUI POURRAIENT OUBLIER QUE « L'INTELLIGENCE POUR ÊTRE UNE NOBLESSE RISQUE PAR- « FOIS D'ÊTRE UNE ARISTOCRATIE, QUI PEUT ÊTRE AUSSI « NÉFASTE QUE CELLE D'AUTREFOIS. »

La Science, l'Intelligence sont génératrices d'aristocratie et d'autorité : des philosophes comme Renan — voir ses *Dialogues philosophiques* — l'avaient dit depuis longtemps. Et c'est pourquoi la Science et l'Intelligence sont tellement suspectes à toutes les démocraties — malgré le faux respect et l'amour feinte dont les entoure la troisième République. Le mysticisme démocratique doit forcément les haïr l'une et l'autre parce qu'elles sont ses plus vraies ennemies. L'aveu tout récent de la *Revue socialiste* — organe des théoriciens d'extrême-gauche — rapproché de la commémoration de la mort de Lavoisier, sera apprécié et compris de tous les véritables intellectuels français. « A. F. »

Le Gérant : J. LEGRAND.

Paris. — Imprimerie F. Levé, rue Cassette, 17.

La quinzaine financière

Les séances de cette semaine sont très satisfaisantes surtout étant donné les circonstances. En effet, à part l'indécision qui se manifeste sur le marché de la *rente*, presque tout le compartiment spéculatif bénéficie d'une notable reprise. On considère comme normaux les résultats des élections d'hier.

Au surplus, est-il permis d'envisager comme un facteur favorable pour l'ensemble des fonds d'Etat *étrangers* et des valeurs industrielles également *étrangères*, les appréhensions que susciterait une majorité farouchement socialiste arrivant à la Chambre.

NOS CONSEILS

Peut-être n'est-il pas faux d'imaginer que les lecteurs de ce journal ont, comme les autres, lu plutôt, cette semaine, la politique que la finance. Aussi ne croyons-nous pas superflu de reproduire ici le conseil donné par nous dans le dernier numéro à propos des Parts du Syndicat *Zed*.

Nous insistons encore aujourd'hui sur cette *excellente* occasion de gagner *sûrement* d'assez fortes sommes.

Les *Parts Zed* sont au prix de 200 francs l'une. On peut affirmer que ces 200 francs seront en peu temps remboursés par les bénéfices de l'affaire, que nous avons exposés en détail. Tous les intérêts et dividendes seront donc de l'argent *absolument gagné*.

Nous ne saurions trop engager nos amis à s'intéresser *de suite* dans cette affaire car le nombre des Parts à souscrire est maintenant peu élevé.

D'autre part, à la faveur des fluctuations que les événements actuels ont provoqué en Bourse, il y a actuellement plusieurs titres cotés sur lesquels il y a dans très peu de temps de fortes sommes à gagner. Nous les indiquerons à tous ceux qui voudront bien nous écrire ou nous venir voir.

Ne pas oublier que l'on peut souvent gagner beaucoup par de *bons placements* et en suivant de *bons conseils*. C'est ainsi que nous avons recommandé d'acheter les actions *Richer* au cours de 1.100 francs ; elles sont maintenant à 2.120 ; les *Agence Havas* que nous recommandions à 420 francs dépassent 700 maintenant.

***

AUTRES CONSEILS

Aussi bien ne bornerons-nous pas nos avis à une seule et unique valeur.

Nous recommandons donc en bloc, comme devant subir d'ici peu de fortes hausses ou constituer des placements très fructueux et très sûrs :

Action platine;
— Commentry-Fourchambaut ;
— Nickel ;
— Pulpes séchées ;
Parts Syndicat Astra ;
Actions Saint-Raphaël-Quinquina.
Parts Papier à cigarette « Zed » ;
Actions Lagunas Nitrate ;
— Lautaro Nitrate ;
— Wagons-Lits ;
Obligations Nord de l'Espagne.

Nous avons l'absolue conviction qu'en plaçant un capital donné sur ces valeurs industrielles, on obtiendrait rapidement une augmentation tout à fait considérable en même temps que vous toucherez un revenu élevé, tout en ne courant pas de risques, étant donné la solidité des titres composant cette liste.

L'Union Française.

*Pour tous renseignements s'adresser ou écrire à l'*Union Française, *23, boulevard des Italiens, Paris.*

CHEMIN DE FER D'ORLÉANS

Saison 1906. — Bains de Mer en Bretagne.

Billets d'aller et retour à prix réduits, valables pendant 33 jours.

Pendant la saison des bains de mer, du Samedi, veille de la Fête des Rameaux, au 31 Oc délivré, à toutes les gares du réseau, des billets aller et retour de toutes classes, *à prix rédui* stations balnéaires ci-après :

Saint-Nazaire. — Pornichet (Sainte-Marguerite). — Escoublac-la-Baule. — Le Pouliguen - Le Croisic. — Guérande. — Vannes (Port-Navalo, Saint-Gildas-de-Ruiz). — Plouharnel- Saint-Pierre-Quiberon. — Quiberon (Le Palais, Belle-Ile-en-Mer). — Lorient (Port-Louis, L Quimperlé (Le Pouldu). — Concarneau. — Quimper (Bénodet, Beg-Meil, Fouesnant). — Po (Langoz Loctudy). — Douarnenez. — Châteaulin (Pentrey, Crozon, Morgat).

CHEMINS DE FER DE PARIS-LYON-MÉDITERRANÉE

Service d'Hiver. — Relations rapides entre Paris et la Côte d'Azur

Trains rapides de nuit (1re cl., vagons-lits, lits-salon et salon à 2 lits com

Paris-Nice en 15 heures. — Nombre de places limité.

Mise en marche du train 17 au départ de Paris : Du 9 janvier au 13 mai les vendredis et dimanches ; du 14 au 29 mai, les mardis et vendredis. Mise he du train 18 au départ de Nice : Du 10 janvier au 15 mai, les lund credis et samedis ; du 16 au 30 mai, les mercredis et samedis. On peut re places d'avance, à la gare de Paris-P.-L.-M, ou aux bureaux de ville, 88, ru Lazare et 6, rue Sainte-Anne. La Compagnie organise, avec le conc l'Agence des Voyages Modernes, les excursions suivantes : *Egypte et Egypte.* — Départs de Paris, le 21 février 1906. Prix (tous frais co 1re classe, 2.200 francs. Durée de l'excursion : 36 jours. — *Italie.* — de Paris, le 27 janvier et 10 mars 1906. Prix (tous frais compris) : 1 780 francs ; 2e classe, 680 francs. Durée de l'excursion : 18 jours. — — Départ de Paris, le 30 janvier 1906. Prix (tous frais compris) : 1r 1.000 francs. Durée de l'excursion : 20 jours.

S'adresser, pour renseignements et billets, aux bureaux de l'Age Voyages Modernes, 1, rue de l'Echelle, à Paris.

*Nous rappelons à nos abonnés et lecteurs que la publicité financière, com industrielle de l'*Action française *est placée sous la responsabilité de ses signataire*

PARIS. — IMPRIMERIE F. LEVÉ, RUE CASSETTE, 17.

gramcontent.com/pod-product-compliance
g Source LLC
e TN
21708230826
2LV00002BA/528
7 8 2 3 2 9 7 9 9 9 8 8 *